JAPAN

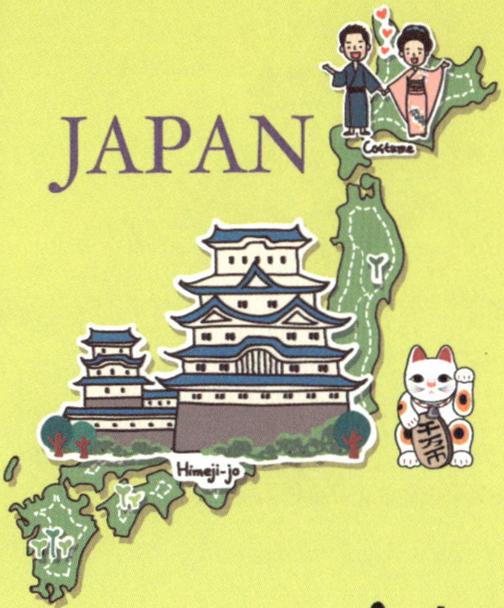

배낭여행으로 탐험하는 일본 일류기업

권종욱 이지석

도서출판 청람

久保田
八海山

ERS-311
ERS-312

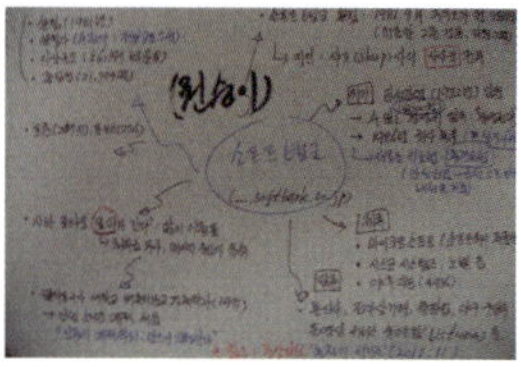

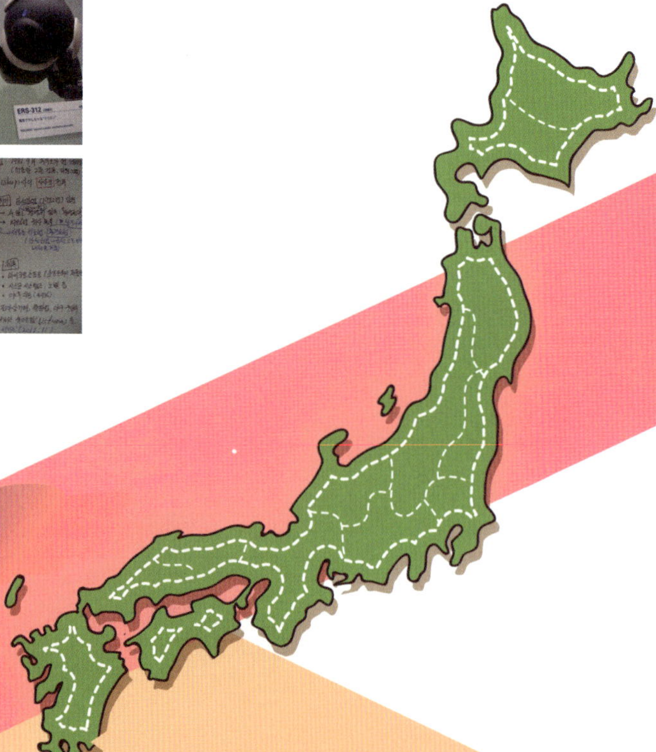

CONTENTS

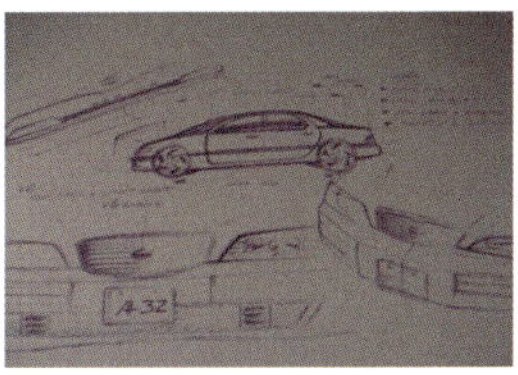

TIME
JAPAN: Asia's First Consumer Market
INDUSTRIALIST MATSUSHITA

배낭여행으로 탐험하는

일본 일류기업 Schedule

도쿄에서

1. 소니역사관 →
2. 소프트뱅크 →
3. 하마리큐정원 →
4. 도시바과학관 →
5. 닛산본사 →
6. 라면박물관 →
7. 마쓰시타 정경숙 →
8. 오쿠라호텔 →
9. 일본식당

아이치(나고야)에서

1. 나고야역 →
2. 도요타자동차 박물관 →
3. 도요타회관 →
4. 스즈카 서킷 →
5. 도요다 사키치 생가

교토에서

1 교세라 → 2 철학의 길 → 3 은각사 →

4 교토대 → 5 닌텐도 → 6 일본전산 →

7 혼노사 → 8 료칸

오사카에서

1 파나소닉 본사 → 2 고노스케 역사관 → 3 오사카성 →

4 호텔

프롤로그

나를 완전히 안테나로 만들어라. 뾰쪽해 져라.
요로 다케시의 『바보의 벽』에는 재미있는 공식이 하나 있다. 뇌에 들어오는 정보를 x라 하고 그에 대한 반응을 y라고 하면 'y=ax'가 된다. a라는 상수가 정보에 대한 반응정도에 결정적 영향을 미치는데 이는 '마음의 문의 열림 정도'라고 한다.
우리는 온몸을 정보수집을 위한 안테나로 만들고 이를 극대화하기 위해 마음의 문을 활짝 열어젖힐 것이다. 그리고 각자의 메모북과 카메라에 메모와 이미지로 가득 채울 것이다.
현실보다 더 현실 같은 시뮬라시옹의 세계로 들어가야 한다. 일류기업의 원류를 찾아, 그들의 기를 받기 위해 여행을 떠난다.

『하루키의 여행법』에는 여행할 때 "눈으로 여러 가지를 정확히 보고 머릿속에 정경이나 분위기, 소리 같은 것을 생생하게 새겨 넣는 일에 의식을 집중하며, 호기심 덩어리가 되어야 한다"고 했다. 이는 글쓰기 달인의 경지인데 감히 흉내 내기도 힘들어 최대한 메모북과 카메라에 흔적을 남길 생각이다.

유안진의 『지란지교를 꿈꾸며』에는 "저녁을 먹고 나면 허물없이 차 한 잔을 마시고 싶다고 말할 수 있는 친구가 있으면 좋겠다. 입은 옷을 갈아입지 않고 김치 냄새가 좀 나더라도 흉보지 않을 친구가 우리 집 가까이에 있었으면 좋겠다"로 시작되는 친구이야기가 있다. 대학교에서 학생들을 가르치고 있는 친구 두 명이 10년을 기념하여 기획한 것이 '배낭여행으로 탐험하는 일류기업' 시리즈이다. 한 명은 호반의 도시 춘천에서, 한 명은 의림지가 있는 제천에서 책을 읽고 글을 쓰고 제자들과 삶과 학문을 논하고 있다. 행복한 동행이요 행복한 인생이다.

춘천 친구 '종욱'은 꼼꼼하게 이번 시리즈를 기획했고 제천의 '지석'은 드로잉하고 메모하고 양념을 쳤다(이 책에서 서로 의견이 다르거나 개별 생각을 언급할 경우에는 〈종욱〉, 〈지석〉으로 구분하기로 한다). 여행을 떠나는 차림새는 둘 다 여행가방을 끌고 등 뒤에 배낭을 멨으며 작은 가방을 어깨에 둘렀다.

〈종욱〉의 가방에는 두꺼운 시리즈 파일이 들어 있고 손에는 스마트폰이 쥐어져 있으며, 〈지석〉은 안쪽에 털 달린 신발을 신고 어깨에 메는 작은 가방에는 메모북과 색깔 볼펜과 붓펜을 카우보이의 권총처럼 옆에 끼고 여행길에 올랐다. 등에 진 배낭에는 작은 넷북과 지도책이 들어 있고 오른쪽 주머니에는 새로운 장면이 나타나면 언제든 낚아챌 수 있도록 디지털카메라와 스마트폰을 챙겼다.

혼다 소이치로의 장인정신이 깊게 각인되어 있는 스즈카 서킷, 일본인들이 가장 존경하는 마쓰시타 고노스케, 자동차의 미래를 내다보는 통찰력을 보여준 사키치 도요다 생가를 방문한다. 이 책은 우리들이 여행으로 보고 느낀 일본기업 및 경영인에 대한 역사와 문화에 관한 이야기이다.

우리는 두 가지 목적으로 이 책을 쓰기로 한다. 먼저, 대학생 혹은 청소년들이 방학 동안 기업과 문화를 체험해 보고 싶을 때 가이드 역할을 하고 싶다. 일본의 문화와 기업에 대한 역사, 뿌리를 느끼며 배낭 하나 둘러매고 일류기업의 발자취를 두 발로 구석구석 밟아 보기를 바란다. 책에서 배운 것, 신문, 인터넷, 방송에서 수없이 보고 들은 기업도, 제 눈으로 직접 보고 온몸으로 체험해 보는 것만큼 효과적인 공부는 없기 때문이다.

그리고 우리들이 직접 현장을 답사하여 수집한 자료를 활용해 교육 프로그램을 만들고 싶다. 아는 만큼 보이는 게 여행 아닌가. 충분한 준비 부족으로 힘들게 방문해서 껍데기만 보고 와서는 곤란하다. 사전에 철저하게 준비하고 공부해야 한다. 나아가 한국학생들은 일본기업의 역사, 발전과정을 이해하고 반대로 일본의 청소년들은 한국의 기업을 이해하기 위해 방문해야 할 것이다.

우리는 이 책에 준비과정부터 방문까지의 과정을 자세히 적고자 한다. 이 책을 읽고 직접 방문해 보고 싶은 사람은 저자들에게 연락을 해오면 더 바랄 것이 없다. 지적 욕구가 넘치는 독자는 혼자서도 떠나길 바란다. 가서 그곳에서 강력한 자극을 받아 무한한 잠재력의 바다를 개척하기를 바란다.

이 책에는 기업 방문 사이에 다양한 일본문화 요소들을 언급하고 있다. 비즈니스 세계에서 큰 상인은 물건만 파는 장사꾼이 아니라 그 나라 문화를 파는 장인이 되어야 한다.

돛을 올리다

지도와 나침판

도쿄행 비행기 위로 주룩주룩 겨울비가 내린다.

이륙 후 뿌연 안개 속에서 비행하다 1시간이 지나자 강한 햇살이 창문 사이로 들어온다. 일본은 화창한 날씨가 아닐까 생각된다. 기내식은 선택의 여지없이 한 가지만 나왔다. 소고기덮밥에 파인애플 한 조각, 동원김, 오렌지 주스, 물 한 잔, 커피, 무생채. 일본인들이 좋아할 만한 단출하고 깔끔한 식사다. 한국식 메뉴에 일본식 도시락 같다.

우리는 나리타공항에 도착했다. 승객들이 공항 터미널 안으로 물 호스처럼 꿈틀거리며 빨려 들어간다. 에스컬레이터 끝나는 부분에 히타치 로고가 선명하게 새겨져 있다. 평소 같으면 보이지 않았을 로고였다(우리 안테나가 제대로 작동하고 있는 모양이다). 일본기업의 발자취를 찾아본다는 여행에 내 마음의 GPS가 기업 탐색에 켜져 있었다. 일본에 도착하여 처음 만나는 기업인 셈이다.

비 내리는 도쿄거리를 걷고 있다. 며칠 전에 봤던 〈클라우드 아틀라스〉 이야기가 떠오른다. 여섯 가지 이야기가 현재와 과거, 그리고 미래로 유기적으로 연결되면서 이쪽 주인공이 저쪽으로 변주가 되어 등장하고 원인과 결과, 불교의 전생과 내세 등의 이미지들을 다룬 영화이다. 어떻게 전국시대 오다 노부나가와 료마가 소프트뱅크 손정의에게 영향을 미치고, 소니의 혁신적인 워크맨이 스티브 잡스의 새로운 사업 아이디어에 영감을 줄 것인가? 도요타 기이치로는 슈퍼마켓에서 저스트 인 타임의 아이디어를 얻었다고 한다. 선불교에서 깨달음을 얻기 위해서는 줄탁동시(啐啄同時)의 순간이 있어야 한다. 어미새 부리와 알 속의 새끼 부리가 탁 마주치는 찰나의 순간. 여기에 해답이 있을지 모르겠다.

우리가 읽는 책이 우리 머리를 주먹으로 한 대 쳐서 우리를 잠에서 깨우지 않는다면, 도대체 왜 우리가 그 책을 읽는 거지? 책이란 무릇, 우리 안에 있는 꽁꽁 얼어버린 바다를 깨뜨려버리는 도끼가 아니면 안 되는 거야.

– 1904년 1월 카프카, 저자의 말, 『변신』

우리들의 『배낭여행으로 탐험하는 일류기업』 시리즈는 세계일류기업들의 창업에 대한 영감의 순간을 직접 느껴보기 위한 여정이다. 프란츠 카프카의 '우리 안의 얼어붙은 바다를 깨뜨리는 도끼'처럼 '탁!' 소리를 듣기 위한 순례의 길이다. 우리에게 책이란, 종이로 된 책뿐 아니라 앞서 간 사람들의 발자취요, 흔적이요, 정신이다. 삼라만상이 우리들에겐 우리 마음을 자극하는 도끼요, 송곳이다.

……

시나가와역 시계탑 밑에서 〈신욱〉이를 만났다.

20년 만에 글로벌 젠틀맨이 되어 나타났다. 『여행으로 만나는 일류기업』 시리즈의 일본편에서 신욱의 도움을 많이 받았다. 본사, 기념관, 박물관, 생가 등 예약이 필요한 곳에는 이미 사전에 연락을 취했고 찾아가는 지리 정보를 꼼꼼하게 준비해 왔다. 그동안 밀린 이야기를 하면서 시나가와역 주변을 둘러보았다. 먼저 식사를 하고 세부일정을 살펴보기로 했다.

식사와 사케를 함께할 수 있는 식당을 찾아 나섰다. 식당이 밀집해 있는 구역으로 들어서니 현대식 기모노를 입은 종업원이 식당 홍보를 하고 있었다. 메뉴와 가격대를 확인하고 첫인상이 좋은 아가씨를 따라갔다. 일본의 대표적인 생선회와 사케를 한 잔 하고 싶었다. 일본인들은 회사인간이라 할 정도로 일에 집중한다. 하루 종일 삶에 지치고 파김치가 될 때 사케를 찾게 된다. 일에 대한 부담감으로 가슴이 답답할 때는 차가운 사케 한 잔, 비가 내리는 날엔 따뜻한 사케 한 잔을 즐긴다. 내 손 안에 쥐어진 술잔 속에서 시름은 사라지고 주신(酒神)은 조용히 미소 짓는다.

식당에 들어서니 수많은 일본풍 등불이 신비로운 분위기를 선보이고 있다. 가로, 세로 대나무를 세우고 사이사이로 제(祭) 글씨와 곡옥 모양의 삼각 무늬를 한 등불들. 문화체험을 위해 사케 종류를 추천받고 미리 공부한 라벨 읽는 법을 확인해 봤다.

먼저 팔해산(八海山) 사케를 주문했다. 도수는 15도, 적당하다. 식사는 신선한 생선회, 전골, 닭고기 샐러드, 우동, 밥 등이 차례로 나왔다. 친구와 도쿄에 와서 일본에 살고 있는 동생을 만나 맛있는 음식을 먹으면서 지난 이야기를 하다니, 행복하다. 부드러운 사케의 목넘김

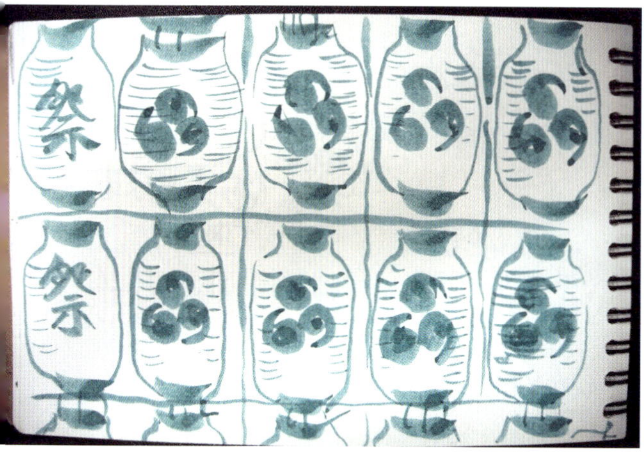

은 얼굴에 홍조를 띠게 하고 우리의 열정은 달아오른다. 일본의 역사와 문화, 생활양식에 대한 이야기가 술잔과 함께 오고 가고, 일본의 3대 영웅이라 불리는 오다 노부나가, 도요토미 히데요시, 도쿠가와 이에야스가 우리들 대화 속으로 끼어든다.

오다 노부나가 : "난 말이야 성격이 급해. 울지 않는 두견새는 죽여 버리지. 옛 일본을 파괴하고 새로운 새싹을 위해 그 땅을 정화시켰지. 매일 아침 말을 타고 달리면서 전략을 짜고 돌아오면서 결단을 내렸지. 새로운 일본이란 밥을 짓기 위한 만반의 준비를 했어. 그 역할이 끝난 순간 미련 없이 사라졌지, 벚꽃처럼 말이야."

도요토미 히데요시 : "내 머리에는 꾀 보따리가 달려 있어. 내 손에 있는 어떤 두견새도 울게 만들지. 어릴 때 주군의 신발을 품에 안아 따뜻하게 했다는 일화는 유명하지. 나 이런 사람이야. 사람의 마음을 읽을 수 있는 재주가 있지. 새로운 일본을 창조하고 건설하여 상인들이 자유롭게 활동할 무대를 만들었어. 한 마디로 따끈따끈한 밥을 지은 거야."

도쿠가와 이에야스 : "선배들 왜 그리 바쁘시오. 인생은 말이요, 무거운 짐을 지고 먼 길을 떠나는 것과 같소. 두견새 얘기를 했으니 말이지만, 나는 두견새가 울 때까지 느긋~하게 기다리지요. 가만히 내버려 두면 두견새도 심심할 때, 울고 싶을 때 울게 마련이지요. 두 분이 마련해 주신 밥상

잘 먹었소. 감사하오."

『무라카미 하루키의 위스키 성지여행』에서 "내가 경험한 바로는, 술이라는 건 그게 어떤 술이든 산지에서 마셔야 가장 제맛이 나는 것 같다. 그 술이 만들어진 장소에 가까우면 가까울수록 좋다. 물론 와인이나 정종도 마찬가지다"라며, 흔히 말하듯이 "좋은 술은 여행을 하지 않는" 법이라고 했다. 백번 지당하신 말씀이다. 우리의 오감이 이를 증명하고 있으니 말이다. 일본 술 사케는 세계화에 성공했다. 반면 우리의 정종은 제사용 술로 명맥을 유지하다가, 최근 그 기지개를 펴고 있는 중이다. '신선이 마시는 곡차'로 그 명성을 얻고 있는 우리나라 3대 명주로는 경주 교동법주, 한산 소곡주, 문경 호산춘이 있다(여러분들도 그 맛을 보시고 우리 명주를 평가해 주길 바란다).

보들레르가 "포도의 섬유 속에 숨어 있는 신비로운 신이여"라고 포도주를 신으로 치켜세우듯이 일본인은 사케를 신의 술로 여긴다. 일본의 직장인들이 가장 많이 부르는 대중가요는 일본의 유명가수 요시이쿠조(吉幾三)가 부른 '사케(酒)요'란 노래다.

눈물 속에는 여러 가지의 추억이 있다
마음 속에도 여러 가지의 상처가 있다
혼자 마시는 술
자작 술
연가(演歌)를 들으면서……
가볍게 취해 그러한 밤도
가끔은 좋을 것이야
그렇지 술이여! (사케요)

너는 알 거야
그렇지 술이여! (사케요)

일본 역사책 『고사기』에 따르면 사케는 백제시대 수수보리(須須保利)라는 사람이 누룩으로 술을 빚는 법을 가르치면서 마시기 시작했다고 한다. 그래서 수수보리는 주신(酒神)으로 받들어지고 있다. 우리의 청주가 사케의 기원인 셈이다.

사케 공부를 했으니 다시 즐거운 저녁 풍경으로 돌아가고자 한다. 기모노를 입은 종업원이 미소를 띠고 서빙을 해주고 있다. 풋풋한 대학생의 모습으로 열심히 일하는 모습이 보기 좋다. 몇 마디 물어보니 한국친구가 있어 한국에도 와 봤다고 한다. 생선향기가 순식간에 우리를 비릿한 바닷가로 데려다준다. 마사오카 시키의 하이쿠가 생각나는 저녁이다.

"어부의 집에
마른 생선 냄새와
후끈한 열기"

즐거운 식사를 마치고 저녁 8시경 카페에 모여 일정을 정하기로 했다. 신욱이가 전에 몇 번 가 봤다는 곳으로 발길을 옮겼다. 시나가와역 근처에 있는 카페는 천장이 높아서 서커스를 해도 될 정도였다. 내일 일정이 제일 바쁠 것 같다. 방문해야 할 것이 대부분 도쿄에 몰려 있기 때문이다. 소니역사관, 캐논, 소프트뱅크, 도시바, 닛산 등 정신없이 돌아다녀야 한다.

(백과사전) 사케 라벨 읽는 법

(1) 일본어를 모른다고 걱정할 필요가 없다. 그저 숫자만 보면 된다.

(2) −6에서 +6까지 숫자로 표시된 주도는 이 사케가 가라구치 계열인지, 아마구치 계열인지를 말해 준다. 사케는 맛에 따라 크게 단맛을 가리키는 '아마구치' 계열 사케와 드라이하고 쌉쌀한 '가라구치' 계열 사케로 나뉜다. 아마구치 정도는 마이너스로, 가라구치 정도는 플러스로 표시한다. 숫자가 높아질수록 그 성향이 강하다는 뜻이다. 이 사케의 주도는 +1. 살짝 드라이한 맛을 내는 가라구치 계열의 사케라는 걸 알 수 있다.

(3) 컵과 항아리 그림 다섯 가지가 있다. 왼쪽은 가장 차갑고 오른쪽은 가장 따듯하게 마시는 상황이다. 왼쪽 두 가지 그림은 얼음을 넣고 마시는 표시이고 가운데는 상온으로 마시는 상황이다. 어떤 온도에서 가장 좋은 맛을 내는지 표현한 것. 빨간 동그라미 하나는 추천, 빨간 동그라미가 두 개면 '강추', 동그라미가 없으면 '비추'이다. 이 사케는 얼음을 직접 넣어 마시는 것과 상온으로 마시는 건 추천이나 덥혀 마시는 건 비추천인 사케. 가장 좋은 방법은 냉장고에서 꺼내, 얼음통에 묻어가며 계속 서늘하게 마시는 것이다. 차갑게 마시라고 추천하는 사케를 데워 마시면 맛 차이가 얼마나 날지 궁금하다. 너무 꼼꼼하다 싶지만 애주가의 입장에선 반갑지 않을 수 없다. 믿을 수 있는 맛, 다양한 맛을 선택하는 기분이랄까.

(4) 다음은 정미율(쌀을 깎은 정도)을 살펴보자. 40%를 표기하고 있다. 쌀을 40% 깎은(정미율 60%) 준마이슈 술은 준마이긴죠, 혼죠조 술은 긴죠다. 30% 이하로 깍

은 술(정미율 70%)은 각각 준마이슈와 혼죠조라고 불린다. 40% 정미한 쌀로 만들었다. 일본어 능력이 탁월하면 어떤 품종의 쌀인지도 확인할 수 있겠다. 정미율은 사케의 성격과 품질을 가르는 중요한 지표 가운데 하나다. 쌀의 겉 표면과 배아에는 단백질, 지방 등이 다량 포함되어 있다. "이 성분이 너무 많으면 술을 빚기 위한 누룩곰팡이나 효모의 증식, 발효를 지나치게 부추겨 술의 맛이 떨어집니다." 니혼사케 에또 기요시의 설명이다. 그래서 불필요한 성분을 정미, 즉 깎아낸다. 우리가 보통 먹는 쌀은 보통 5% 도정한 것이다.

(5) 산도 1.4는 사케의 산미를 나타낸다. 입안을 스치는 가벼운 맛과 묵직한 맛을 가르는 기준이다.

출처 : 일본주류 종합연구소(www.nrib.go.jp)

소니역사관

역사상 가장 뛰어난 결단, 워크맨

투둑투둑! 비가 내린다.

빗방울은 우산에 한 번 튕기고 보도블록으로 떨어진다. 일반적으로 블록과 블록 사이로 빗물이 스며들 것이다. 그러나 일본거리의 보도블록은 마치 퍼즐조각처럼 맞춰져 있어 빗물이 잠시 머뭇거리고 있다. 언뜻 봐도 빗물이 제 갈 길을 찾기까지 시간이 좀 필요했다. 겨울비 내리는 도쿄거리에서 우리는 소니역사관을 찾아 나섰다. 소니역사관으로 가는 길에는 일본 특유의 꼼꼼함을 발견하게 된다. 바로 깔끔하게 좌우 대칭이 맞는 보도블록이다. 국화 모양의 무늬로 장식된 맨홀 뚜껑은, 캠퍼스 바닥에 그려진 작품이다.

시나가와 역내에 있는 카페(New York SU's Amercina Dinner)에서 샌드위치와 블랙커피로 아침식사를 했다. 자리가 편해 보이는 의자에 앉아 컴퓨터를 켜고 작업을 시작했다. 수많은 인파가 창문너머로 물고기 떼처럼 이동하고 있다. 소란한 밖과 조용한 카페가 대비된다. 옆자리 신사는 연신 담배를 피워 물고 있다. 그는 줄담배를 피우며 열심히 컴퓨터 자판을 두드리고 있다. 담배연기가 너무 매워 너구리 소굴에 들어와 있는 느낌이다.

우산 속에서 지도를 펼쳐 본다. 우리는 근처에서 헤매고 있는 중이다. 마침 비를 맞으며 공사장 안전관리를 하는 아저씨가 보인다. 일본에서는 하나같이 제복을 입게 되면 업종과 관계없이 경건함이 느껴진다. 그 분에게 소니역사관 위치를 물었다. 영어를 잘 못해 지도를 유심히 보더니, 일어로 몇 마디 하며 손가락으로 한쪽 골목을 가리킨다. 고맙다는 인사를 하고 그 길로 철퍽거리며 걸어갔다. 골목마다 반듯반듯한 보도블록이 깔려져 있고 우리는 이 길이 저 길 같은 미로를 헤매고 있는 듯하다. 마침내 골목을 돌아 제대로 방향을 잡았다고 생각하며 골목 저편을 돌아보니, 어라 아까 그 아저씨가 보이네. 결국 골목을 한 바퀴 크게 돌아서 제자리로 돌아온 것이다(아마 그분도 제대로 몰랐겠지).

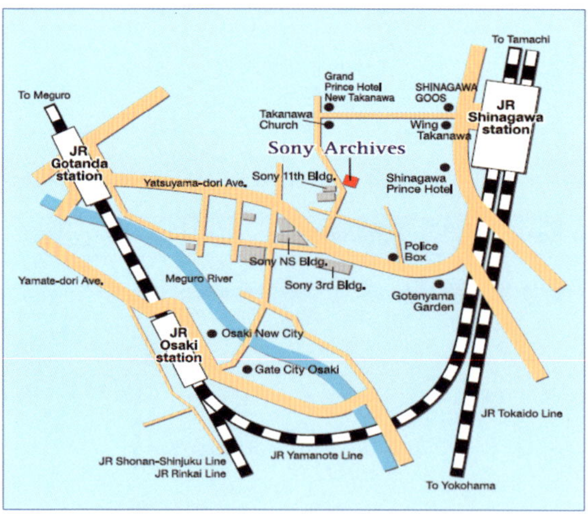

시나가와 서문으로 나와 소니역사관으로 향했다. 역사관 옆 건물에는 소니 교육관이 있다. 정문 앞에는 얼마 전에 내린 눈이 소담하게 쌓여 있다. 현대식 건물의 정문 위로 아치형 유리창문이 시원하게 나 있다.

소니역사관에 들어서니 머리를 뒤로 넘기고 목에는 스카프를 했으며 짙은 감색의 원피스를 입은 안내원 3명이 우리를 맞아 주었다. 한국에서 오게 된 이유를 설명하니 무척 친절하게 안내해 주었다. 유창한 영어로 20여 분 정도 개괄적으로 설명을 듣고 각 코너별로 사진을 찍으면서 자세히 둘러봐도 된다고 한다. 여직원과 함께 기념사진도 찍었다. 작년에는 한국 대학생 80명이 단체로 관람 왔다고 한다.

기업이나 창업자를 기리기 위해 역사관을 만든다면 어떤 구조로 만들고 어떤 내용과 순서로 배열하는 게 좋겠는지 무척 궁금했다. 소니역사관은 크게 세 구역으로 나뉘어 창업자에 대한 자료, 제품 샘플과 설명 자료, 홍보와 저술 자료가 전시되어 있었다. 입구에 들어서자마자 오른쪽 벽에 이부카 마사루에 관한 약력이 정리되어 있다.

소니는 제2차 세계대전이 끝난 후 1946년 당시 20여 명의 종업원과 19만 엔의 자본으로 설립된 중소기업이었다. 설립자 '이부카 마사루'는 회사의 설립목적을 '일본문화에 기여하고 기술을 통해 자유정신과 열린 마음을 구현하는 이상적 공장을 설립'하는 것으로 정했다. '과거에 해본 적도 없는 일을 하는' 소니의 도전정신을 구현하기 위해 회사는 '일본제일' 그리고 '세계제일' 제품을 끊임 없이 내놓은 것이다.

소니역사자료관은 소니가 세계에 선보인 선도적 제품과 다양한 자료를 전시하고 있다. 이곳에는 소니의 대표 제품 250여 종이 전시되어 있다. 자료관 내에 설치되어 있는 전시물 설명자료, 터치스크린,

비디오는 이들 제품의 기술적 발전과 역사적 에피소드를 보여준다. 방문객들은 자료관의 컴퓨터를 통해 역사적 자료를 검색할 수 있고 포괄적으로 소니 발전의 발자취를 따라갈 수 있는 것이다.

소니는 이부카 마사루가 1946년에 설립했다. '기술의 소니, 혁신의 소니'로 통할 정도로 기술개발에 사활을 걸고 있다. 소니의 브랜드는 라틴어 'Sonus(음파의)'의 어원과 'Sonny(젊은 사람을 친근하게 부르는 호칭)'를 결합하여 1958년부터 사용하기 시작했다. 황금 모르모트(기니피그)상을 지나치면 이부카와 모리타가 마치 오래된 학교 교무실과 같은 분위기의 사무실에서 자신만만한 자세로 앉아 있는 사진이 보인다. 현재 소니는 자산규모 1,559억 달러, 종업원 17만 명으로 포춘지 73위, 포브스지 456위, 인터브랜드 35위를 기록하고 있다. 주요 제품으로 워크맨, CD, 플레이스테이션(3D게임기) 등이 있다. 경영자로는 이부카 마사루, 모리타 오키오, 오가 노리오 등이 있다.

창업자 관련 많은 사진 중에서 특히 눈에 띄는 사진이 하나 있다. "아, 유명한 사진이네. 누가 이부카이고, 누가 모리타이지?" 종욱이 "1961년, 사진의 오른쪽에 있는 이부카가 53세, 왼쪽의 모리타가 40세 때 사진이야"라고 설명해줬다.

(백과사전) 소니 창업자, 이부카 마사루

물건 만들기의 천재, 천진난만한 기술자…… 전후 일본 대표 기업 소니의 창업자. 이부카는 1908년 도치기현 닛코의 기요타키에 있는 후루카와광업 · 닛코동제련소 사택에서 태어났다. 그는 기술자 집안에서 태어났다.

그의 아버지는 빼어난 기술자였지만 이부카가 3세가 되기 전인 1910년 사망했다. 이부카의 어린 시절은 어땠을까? 그는 어릴 때부터 뭐든지 분해해 보고 싶은 욕구가 강했다. 친척집에라도 놀러 가게 되면 모두들 "얘, 마사루가 온다니까 거기 있는 것들은 모두 치워라"라고 말했을 정도였다고 한다. 시계든, 라디오든 손에 닿는 대로 분해했다.

고베제일(神戸第一) 중학교에 다니고 있을 때 무선 안테나를 지붕에 세우기도 하고 라디오를 만들기도 했다. 좋아하는 것만 하다 보니 이과와 수학 같은 과목은 굉장히 뛰어났어도, 문과계통의 과목은 아주 형편없었던 모양이다. 그의 아들이 저술한 『나의 아버지 소니의 창업자』에 따르면 자식에게는 중학생이 되어도 라디오 조립을 못하게 하였다고 한다. 아마 한 분야에 열심히 매달리는 것도 좋지만 다양한 것을 접하면서 일반적인 교양을 쌓지 않으면 곤란하다는 것을 경험으로 터득했기 때문이리라.

이후 1933년에 이부카는 도쿄의 와세다 대학에서 공학 학위를 땄으며, 프랑스 파리에서 열린 발명품 전시회에서 변조광전속장치를 출품해 입상했다. 그 후 몇 군데 과학 관련 기업들을 전전하다가 1946년에 모리타 아키오와 함께 도쿄통신공업(東京通信工業)을 설립했다. 이 회사는 1958년에 소니(SONY)사로 개칭되었다. 이부카의 기술 혁신과 모리타의 마케팅 수완이 결합되어 소니는 곧 일본 최대의 전자기업으로 성장했다. 기술로 세계 최고수준에 떠오른 것은 1968년의 트리니트론 컬러TV 개발이다. 그리스도교의 '아버지와 아들과 성령'의 삼위일체를 상징하는 트리니티(trinity)라는 말을 토대로 이부카는 '트리니트론(trinitron)'이라고 이름 지었다. 무엇보다도 밝고 선명한 화면이 세계의 소비자로부터 환영받았다.
이부카 마사루와 모리타 아키오. 두 사람의 깊은 관계를 빼놓고는 세계의 기업 소니를 말할 수 없다. 마치 후지사와 다케오를 빼놓고는 혼다 소이치로를 제대로 설명할 수 없듯. '후지사와가 없었더라면 혼다는 그저 동네 자동차 공업사 사장으로 끝났을 것'이라는 말이 나올 정도로 두 사람은 서로에게 필요한 존재였다.

예전에 〈종욱〉이 미국에 있을 때 거기에서 에디슨 박물관을 방문한 적이 있었다. 거기에서 에디슨과 포드 두 사람의 친밀한 관계가 평생 지속되었고 두 사람의 성공에 강력한 밑받침이 되었다는 것을 알 수 있었다. 일본의 혼다와 경영을 담당한 후지사와와의 관계도 같다. 이들에게는 영원한 동반자를 가졌다는 공통점이 있다.

이부카의 약력을 설명하는 코너를 지나면 바로 유리관 안에 든 황금 기니피그가 눈에 들어온다. 얼핏 이해가 되지 않는다. 소니와 기니피그라니? 간단하게 소니와 기니피그의 관계를 설명하고 있다. 소니는 실패하더라도 창의성 없는 제품은 만들지 않겠다는 '기니피그(guinea pig, 실험용 쥐)'정신을 가지고 있다.

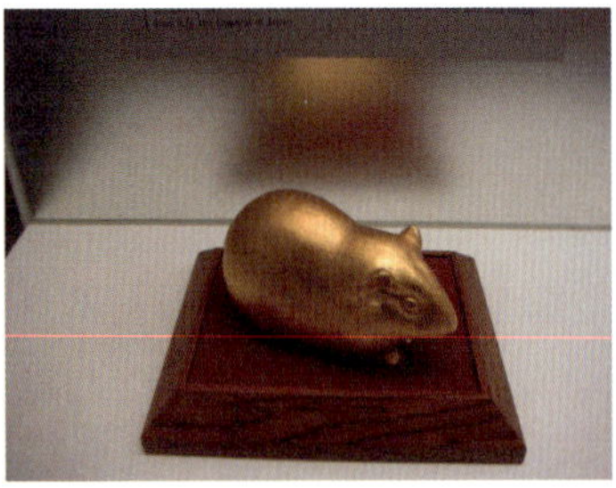

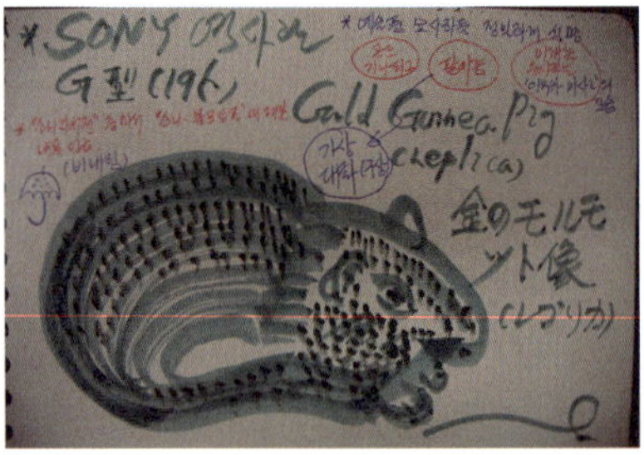

1958년 소니 창업 12년 후 일본의 한 주간지에서 "소니는 트랜지스터에서 개척자적인 역할을 했지만 다른 경쟁기업들이 생산량 면에서 소니를 앞섰다. '소니는 일종의 기니피그 역할을 한 것이다"라고 평했다. 실험대상이 되는 기니피그처럼 소니는 개척자적인 실험정신은 있지만 실험결과의 혜택은 다른 기업들이 가져간다는 빈정거림이 내포되어 있었다.

이러한 '소니-기니피그'론에 대해 소니는 분개했지만, 나중에 이부카는 '비록 기니피그라 불릴지라도 그것에 의해 일본의 전자산업이 발전하고, 이어 소비자가 편리함을 누린다면 그것 자체가 좋은 일 아닌가'라고 했다(요즘 표현을 빌리면 대인배의 모습을 보인다). 전자산업은 항상 새로운 아이디어를 추구해야 하며 기니피그 정신이 새로운 혁신적인 아이디어를 추구하는 것을 의미한다면, 소니가 기니피그라는 조롱을 칭찬으로 받아들이겠다고 발표했다. 이러한 이부카의 정신

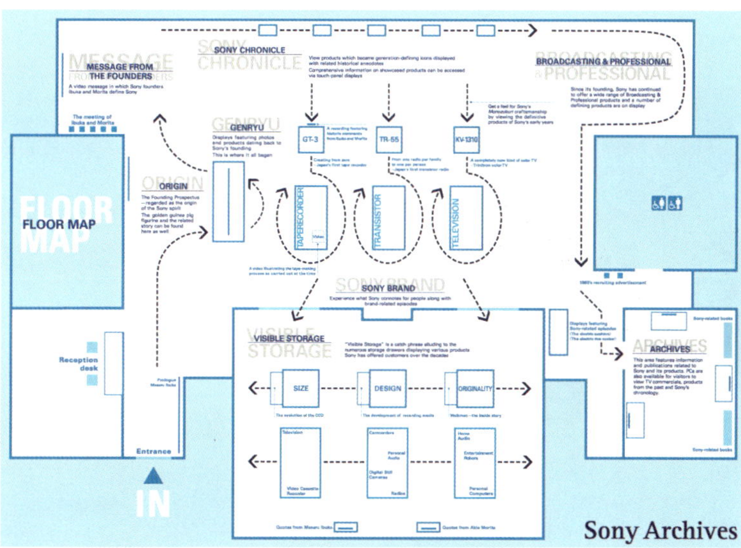

을 기려 1960년에 소니의 종업원들이 황금 기니피그를 만들어 이부카에게 헌정했다고 한다.

그리고 개인적으로 관심이 많이 가는 자료는 이부카 마사루가 1946년 직접 기초한 '동경통신공업설립취의서'였다. 지금으로부터 68년 전에 작성된 설립취의서 자료는 오른쪽에서 왼쪽으로, 위에서 아래로 친필로 작성되어 있다. 글씨에는 그 사람의 인품이 드러난다 했던가. 차분하면서도 강단 있고 의지력이 느껴지는 글씨체였다.

창업자의 음성으로 기업의 역사에 관한 메시지를 알려주는 코너에서 창업자에 관한 영역은 끝난다. 오른쪽으로 방향을 틀면 소니의 제품 역사를 보여주는 250여 개의 대표제품이 전시되어 있다. 소니제품은 크게 녹음기, 트랜지스터, 텔레비전으로 구분되어 전시되어 있었다. 홍보물관련 자료 중에서 특히 기억에 남는 것은 소니의 공동창업자 모리타 아키오 회장이 저술한 『made in japan』이란 서적이다. 여기에는 소니가 어떻게 설립되었고 거대제국 소니가 어떻게 만들어졌는지 기록되어 있다.

소니역사관 조사를 마칠 무렵 안내원에게 추가로 방문할 만한 곳을 소개해 달라고 부탁했다. "소니과학관을 한번 가보세요"라고 말해 줘서, 우리는 긴자역으로 향했다. 그러고 보니 도쿄의 대부분 역이나 주요시설에는 한국 안내문이 있다. 제일 위쪽에 일본어, 그리고 영어, 중국어, 한국어 순으로 병기되어 있다. 2002년 월드컵 시점에 국제도시로서의 위상을 갖추기 위해 만들었다고 한다.

(백과사전) 워크맨

20세기 최고의 발명품 중 하나로 꼽히는 워크맨은 1979년 일본 소니가 개발한 제품으로 '자유롭게 걸어 다니면서 음악을 즐긴다'라는 의미이다. 소니 워크맨사업팀 마케팅 담당자 야마기시(山岸)는 워크맨 개발과정을 다음과 같이 밝혔다. 1978년 가을. 소니의 공동 창업자이자 음악애호가인 이부카 마사루는 미국으로 출장을 가기 전에 부하 직원을 불렀다.

"비행기에서 음악만을 들을 수 있도록 소형녹음기를 만들어 보게." 해외출장을 자주 다니던 그는 비행기 안에서 음악을 듣기 위해 휴대용 녹음기와 헤드폰을 가지고 다녔지만 너무 무거워서 불편했다.

녹음기 사업팀은 녹음기능을 삭제하고 재생기능만 있는 '이부카의 주문품'을 만들어 냈다. 시험 제작된 기계로 음악을 들어본 이부카는 기분이 좋았다.

공동회장인 모리타 아키오에게 "이거 한번 들어보게. 걸어 다니며 들을 수 있는 스테레오 카세트플레이어가 있으면 좋겠는데……"라며 건네줬다. 그때까지도 이부카는 이를 상용화해야겠다는 생각은 하지 못했다.

그러나 워크맨으로 음악을 듣는 순간 모리타의 비즈니스 감각이 요동쳤다. 1979년 2월에 모리타는 소니의 젊은 사원들을 소집해 "녹음기능이 필요 없고 헤드폰이 부착된 재생전용기를 상품화하라"고 지시했다. 워크맨은 금세 전 세계적인 히트상품이 되었다. 워크맨은 영국의 『옥스퍼드 영어사전』에도 실리게 됐고 전 세계인에게 '전자제품은 일본'이라는 강한 인식을 심어주는 계기가 됐다.

긴자역에서 따뜻한 우동으로 점심을 먹었다. 연세 드신 어르신들이 운영하는 우동전문점이라 면발이 탱글탱글한 게 맛이 별미다. 하루키의 표현을 빌리면, 우동이란 음식은 '인간의 지적 욕망을 마모시키는 요소'가 들어 있는 것 같다. 『우동 맛여행』에서 하루키는 돌 위에 걸터앉아 우동을 정신없이 먹고 있으면 '세상이야 어떻게 돌아가건 말건 내가 알 바 아니다'라고 격찬하고 있지만 역시 음식은 배고플 때 먹은 것이 제일 맛있더라.

긴자역에서 모노레일로 30분을 달려 소니과학관으로 이동했다. 맨 뒷자리에 자리를 잡고 있으니, 마치 시간여행을 위해 블랙홀로 빨려 들어가는 것 같다. 우리 옆에는 사진작가인 듯한 젊은이가 모노레일의 기하학적인 모습을 열심히 카메라에 담고 있었다. 흔들림을 방지하기 위해 렌즈를 끼울 수 있는 천을 창문에 고정시키고 땀을 뻘뻘 흘리고 있었다. 소니과학관은 다이바역에 근처 후지TV 맞은편에 위치해 있다. 오는 날이 장날이라더니, 1년에 한 번 청소하느라 휴관할 때 왔네. 어찌 유령도시마냥 사람들이 거의 보이지 않더라니. 3일간 일정계획을 붙여놓았는데 21일 영업, 22일 휴관, 23일 오전 10시부터 문을 연다고 한다.

소프트뱅크로 가는 길에 캐논 갤러리를 방문했다. 이곳에는 캐논 카메라로 찍은 예술 사진작품을 전시해 놓았다. 풍경사진, 인물사진, 하늘에서 마치 춤을 추는 듯한 나뭇가지 사진 등을 볼 수 있었다. 기업 및 경영자에 대한 내용은 없어 미술전시관을 관람하듯 가벼운 마음으로 갤러리를 둘러보았다.

캐논은 처음에 관음(觀音)을 닮고 싶은 마음에서 관음의 일본어 발음에서 따서 'KWANON(칸논)'이라고 이름을 지었다. 1933년, 도쿄

롯본기의 아파트 작은 방에서 카메라를 제작하는 작은 연구소가 만들어졌다. 이곳에 모든 젊은이들은 '우리도 고급 카메라를 만들 수 있다'는 꿈을 키웠다. 마침내 그들의 연구는 결실을 맺어, 1935년 일본 최초의 35밀리 포컬 플레인 셔터 카메라 'Hansa Canon'이 탄생되었다. 이를 계기로 마타라이 타케시는 회사명을 칸논에서 캐논 카메라로 변경하게 된 것이다. 원래 계획에는 캐논도 방문하기로 했으나, 동선이 맞지 않아서 캐논 갤러리 방문으로 아쉬움을 달랬다.

(백과사전) 좌측주행

우리가 일본에서 길을 걷거나 횡단보도를 건널 때는 조심해야 한다. 일본의 자동차는 우리와 다르게 중앙선 왼쪽도로를 달린다. 해외에 나가게 되면 많든 적든 문화충격에 노출된다. 상식이 상식으로 통하지 않는 새로운 세계에 들어서는 것이다. 우리의 뇌는 익숙한 정보에 대해서는 상식이란 이름으로 단순하게 처리하는 경향이 있다.

간혹 해외여행 가이드들이 농담 삼아 섬나라 사람들은 오른쪽 핸들을 사용한다면서 영국, 일본, 홍콩 등을 예로 들거나, 아니면 일본, 태국, 영국 등 입헌군주국들이 좌측주행을 한다고 주절대기도 한다. 대부분의 사람이 맞다 맞다 하면서 맞장구를 치지만, 그 중 하나가 다른 경우를 찾아내면 어깨를 한 번 으쓱이며 예외 없는 이론은 없다고 너스레를 떤다. 비교문화론 관점에서 볼 때, 과거부터 내려온 문화적 차이가 핸들의 위치에 영향을 주었다고 보는 것이 정확하다.

먼저, 중세 영국 기사들의 마상결투에서 그 기원을 찾아볼 수 있다. 돈키호테가 로시난테를 타고 괴물로 명명한 풍차를 향해 돌진할 때를 상상하면 될 것이다(돈키호테가 오른손잡이인가, 왼손잡이인가 확인해 봐야겠다). 결투를 하면서 말을 타고 서로 마주 보고 달려오면서 상대방을 제압하는 마상결투에서 기사들은 창을 오른손에 잡았기 때문에 자연스럽게 좌측통행을 했다.

또 다른 근거를 들어 보자. 영국의 교통수단은 마차였는데 속력을 높이기 위해서 말에 채찍질을 가할 때 보통 오른손으로 채찍을 휘두르게 된다. 만약에 돈키호테가 마차를 몰 때 오른쪽에 산초가 앉아 있다면 휘두르는 채찍에 불안해서 탈 수 있겠는가. 마부는 마차의 오른쪽에 앉았고, 증기기관의 발달로 마차가 자동차로 바뀌면서 운전석도 자연스럽게 오른쪽에 위치하게 되었다는 주장이다. 일본은 19세기 메이지시대에 서구문물을 받아들이면서, 영국에서 자동차를 수입해서 타기 시작했다. 자연스럽게 일본 차량의 운전석은 오른쪽에 있고, 차량들도 좌측주행을 하게 되었다. 영국령이었던 홍콩도 자동차 핸들이 오른쪽에 있고 좌측주행이다.

돈키호테 : "이봐, 산초. 로시난테가 끌어주는 마차를 타는 기분도 괜찮군."

산초 : "이렇게 주인님 왼쪽에 타니까 좋네요. 전번에 모르고 오른쪽에 탔다가 채찍에 맞아 혼났지 뭐예요."

돈키호테 : "또 그 얘기냐? 미안하다고 했잖아. 오후가 되니까 나른한데, 그래 카페인이 필요한 시간이지. 그런 의미에서 저기 카페에 들려 아메리카노 한 잔 하고 가세."

산초 : "알았어요, 주인님. 그런데 미국, 프랑스, 한국은 왜 핸들이 좌측에 있는 걸까요?"

돈키호테 : "그건 말이지. 에이 몰라, 인터넷 찾아봐. 요즘은 인터넷이 선생이야."

이유를 찾자면 나폴레옹이 살았던 시대로 거슬러 올라간다. 결투에서 전통적인 전법은 오른손에 창을 들고 서로 좌측통행을 하면서 공격을 하는 것이다. 그러나 나폴레옹은 반대로 왼손에 창을 들고 우측통행을 하면서 상대방의 왼쪽을 공격하는 기습전술을 펼쳤다.

오른손이 익숙한 상대방은 왼손을 자유롭게 사용할 수 없었기 때문에 나폴레옹의 이러한 전술에 무너지게 되었고, 나폴레옹은 이를 통해서 큰 성과를 올릴 수 있었다(복싱에서 왼손잡이 상대를 만났을 때 비슷한 경향이 생긴다). 나폴레옹의 이러한 전술은 영국을 제외한 유럽 전역에 영향을 미쳤는데, 후에는 보수적인 영국을 제외한 유럽의 대부분 차량들이 좌측핸들을 사용하게 되었다.

한국은 일본 강점기에는 일본의 차량들과 같이 우측에 핸들이 달린 차량이 대부분이었지만, 해방 후에 미군정이 들어섰을 때 통행법을 미국식으로 바꿔서 오늘날의 좌측핸들, 우측통행을 하기에 이른 것이다.

도쿄 사람들은 자동차와 같은 방향인 좌측통행을 하고 있다. 일본의 사무라이들이 칼을 차고 이동할 때 서로 부딪쳐 말썽이 생기지 않도록 좌측통행을 한다는 것이다(최근 한국에서 우측통행을 권장하고 있는데, 오른쪽으로 여행가방을 끌고 갈 때 서로 부딪치지 않도록 서로 배려하기 위한 것이란다). 사무라이가 지배한 관동지방의 경우 왜 우측통행을 하는지 이해가 된다.

실제로 관서지방인 오사카는 상업이 발달한 도시다. 사무라이처럼 칼을 차지 않는 상인들이 굳이 좌측통행을 할 필요가 없다. 실제로 오사카 사람들은 우측통행을 한다. 이처럼 한 나라 안에서 서로 다른 관습이 있는 것은 아마도 역사적 배경이 있기 때문일 것이다. 도요토미 히데요시의 정치적 근거지로서 오사카의 자존심이 도쿠가와 이에야스 정권이 들어서면서 나라의 중심이 도쿄로 바뀌게 됨에 따라 큰 상처를 받지 않았을까? 아직도 두 도시 간에는 지역감정이 남아 있으리라.

소프트뱅크

료마를 동경한 손정의

소프트뱅크 본사를 찾아 나섰다.

초고층빌딩이 운집한 일본 도쿄 남부의 히가시신바시(東新橋)의 중심부인 시오도메(汐留) 시티센터에 소프트뱅크 본사가 있다.

1981년 9월 3일 일본 도쿄에서 설립된 고속 인터넷, 전자 상거래, 파이낸스, 기술 관련 분야에서 활동하는 일본의 기업이다. 건물 벽면에 우리처럼 회사 이름과 로고가 표시되어 있지 않아 근처에서 계속 찾아 헤맸다. 주변의 회사원에게 물어보니 손가락으로 가리킨 건물 3층부터 소프트뱅크라라고 했다.

건물에 들어가서 정문 앞 로그를 확인하고 사진을 찍었더니 제복 입은 수위가 와서 제지를 하네. 문패도 못 찍게 하다니(벤처기업들이 보안에 대해 예민한 것은 유명하다). 농담 삼아 손정의 회장에게 직접 전화해서 우리가 찾아왔으니 만나자고 할 요량이었다. 자료를 조사했지만 소프트뱅크에 대해 특별히 방문할 만한 시설이나 자료는 별로 없었다. 단지 26층 손정의 회장 집무실에 걸려 있다는 '사카모토 료마(坂本龍馬)'의 전신사진은 보고 싶었다. 사카모토 료마는 "사람이 인생을 사는 데 있어서 자기가 세운 한 뜻을 이룰 수 있다면 그것으로 충분치 않는가?"라고 했다. 손정의 회장은 틈만 나면 "료마는 내 인생의 영웅이자 롤모델"이라고 강조했다.

재일 교포 3세 손정의(孫正義)는 1957년 일본에서 출생했다. 17세 때 컴퓨터에 매료되어 컴퓨터를 연구하기 위해 고교 2학년 때 미국으로 유학 갔다. 샌프란시스코 고교 2학년에 편입한 그는 불과 2주일 만에 대학입학자격고시에 합격하여 고교를 졸업했다. 캘리포니아의 버클리 대학에 입학한 그는 하루에 한 가지씩 아이디어를 개발해 내자고 다짐하고 시간을 아끼기 위해 하루에 5분씩 아이디어 개발에 투자했다.

이러한 노력으로 1년 동안 그가 구상한 아이디어는 무려 250건에 달했다. 그는 자신의 아이디어 중 자동번역기를 개발하여 시제품을 일본의 샤프사에 1억 엔을 받고 팔았다. 그 1억 엔의 절반을 프로젝트에 참가한 사람들에게 나누어주고 나머지 절반을 자신의 사업 자금으로 남겨두었다.

그의 생애에서 가장 많은 영향을 준 인물은 사카모토 료마다. 그는 일본 정보통신기술(ICT)계의 료마로 불린다. 19세기 료마가 신문물의 물꼬를 텄듯, 20세기 그는 일본에 디지털 혁명의 불을 지폈다. 료마는 메이지(明治) 유신의 초석을 놓은 일본 근대화의 영웅이자 손정의 회장의 롤모델이다. 손정의 회장은 "내 거대한 꿈과 무모한 도전은 모두 그에게서 배운 것"이라고 전했다. 그의 좌우명은 '뜻을 높게(志高)!'라고 한다.

(백과사전) 사카모토 료마

료마는 유년 시절에 히네노 도장에서 검술을 익히면서 심신을 단련하며 그 자질을 드러낸다. 에도 생활 도중 미국 선진 문물에 자극 받은 료마는 천천히 근대화에 눈뜨게 된다. 그는 바다로 눈을 돌려, 세계를 누비는 종합상사라 할 수 있는 '해원대'를 결성한다. 그리고 장사로 남는 이익을 매개로, 그 무렵 서로 적대관계에 있던 최대 세력 사쓰마와 조슈의 바쿠후 타도 연합을 성사시킨다. 이것이 바로 메이지 유신의 기폭제가 된다. 료마는 막부를 타도한 뒤 일본을 위해 '선중팔책(船中八策: 배 안에서 구상한 8가지 방책)'을 제안하여 근대일본의 국가적 기틀을 마련했다.

료마가 진정 존경을 받는 가장 큰 이유는, 그가 그토록 애를 써서 이루어낸 열매를 정작 자기 자신은 하나도 가지려 하지 않았다는 데 있다. 역사상 위업을 이룬 영웅은 많지만 료마처럼 자신이 손에 쥔 모든 것을 훌훌 털어버린 예는 찾아보기 힘들다. 세상에 둘도 없는 거대한 배포와 도량을 갖춘 사나이 료마. 그의 삶은 인간이 추구해야 할 정의의 길이 무엇인지를 뚜렷이 보여준다.

사카모토 료마는 1835년, 도사번 고치현 가미마치에서 지방유생의 둘째아들로 태어났다. 가미마치는 성(城)을 중심으로 하는 지역과는 달리 하급무사, 상인, 기술자가 한데 어울려 사는 마을이었다. 그 덕분인지 료마는 사람은 평등하다는 사상을 갖고 있었다.

열여덟 살 때 에도로 간 료마는 지바 도장에서 나가 검술을 배웠다. 그런데 얼마 지나지 않아 미국의 페리 함대가 흑선을 타고 일본에 들어오는 사건이 생기고, 료마는 포병학교에 들어가 포술을 배운다. 그때 그는 비로소 서양과 일본의 군사력 차이를 실감하게 된다.

료마는 조금 독특한 인물이었다. 뭔가 어수룩하고 모자라 보이면서도 낙천적이었으며 검술은 그야말로 고수였다. 료마는 도사번에서도 이류 계급출신이고 개혁파의 선구자도 아니었다. 그러나 전란을 거치면서 많은 인재들이 희생되었고, 그의 역할이 점차 중요성을 띠게 된다.

검술의 고수이면서도 칼로 모든 것을 해결하려는 그 무렵 우국지사들과는 달리 '해군의 중요성과 무역'에 관심을 가졌다. 그래서 세계관이 넓었던 막부인물인 가쓰 가이슈를 스승으로 모시며 시국관을 나누고 해군을 키우는 데 노력한다. 료마를 따르던 도사번의 인물 중에서는 뒷날 미쓰비시그룹의 창립자도 있었다.
1862년 도사번을 벗어난 료마는 폭넓고도 활발한 활동을 펼쳐 나가게 된다. 복잡하고 어려운 상황을 단순하고 명쾌하게 규정하는 그의 무사정신은 빛나는 그의 매력 가운데 하나이다. 서른세 살의 료마는 안타깝게도 그 혁명의 완수를 보지 못하고 1867년 교토에서 암살당한다.

손정의 회장은 1980년 대학졸업 후 일본에 돌아와 인생 50년 계획을 세웠다.
20대에 비즈니스계에 데뷔,
30대에 사업 자금 1천억 엔을 확보,
40대는 승부의 시기,
50대는 그것을 완성하고,
60대는 축적한 것을 신세대로 계승해 간다는 계획을 세웠다.

그의 구체적인 인생 계획을 보니 성공하는 사람들의 공통점은 바로 명확한 목표를 세우는 것이 아닐까 하는 생각이 들었다. 평생 성공하는 사람들의 법칙을 찾아다녔던 지독한 기자로 알려진 나폴레온 힐은 『성공학 강의』라는 책을 출간했다. 그 책에서 성공의 여러 법칙을 제시했는데, 그 중 첫 번째가 명확한 목표였다.

다시 손정의 회장 과거를 알아보자.

그는 1981년 9월, 아르바이트 사원 2명을 데리고 후쿠오카의 어느 허름한 빌딩 2층에서 일본소프트뱅크를 출범시켰다. 창업하던 날 그는 과일 상자 위에 올라서서 2명을 향해 다음과 같이 일장연설을 했다. "앞으로 나는 이 회사를 5년 이내에 총매출 1백억 엔 규모로, 그리고 10년 후에는 5백억 엔을 달성할 것이며 그 이후 매출액 규모는 1조 엔, 2조 엔으로 계속 늘어나갈 것입니다." 그리고 그가 매일 똑같은 내용의 연설을 하자, 그 두 명은 2개월을 못 넘기고 회사를 그만두었다. 파리만 날리고 있을 때 샤프사의 사사키 다다시 전무가 "소프트웨어 사업은 정보 밀도가 높은 곳에서 해야 한다"는 소중한 조언을 해주었다. 이 충고를 받아들여 송정의 회장은 도쿄 고지마치 4번가에 있는 ㈜경영종합연구소의 방 한 칸을 빌렸다.

1983년 손정의 회장은 심각한 만성간염을 선고받았다. 그 후 3년간 투병생활을 하면서도 그는 4천여 권에 달하는 책을 독파했다. 그의 고난 극복방법은 남달랐다. 수렁에 빠진 느낌이 들 때마다 그는 책에 매달렸다. 평생 먹고살 지식을 얻은 셈이다. 소프트뱅크 특유의 경영 전략인 '제곱병법'도 이때 창안했다. 손자병법을 읽고 자기만의 방식으로 소화한 결과다. 핵심은 간단하다. '싸우지 않고 이긴다.' 인수합병(M&A)이 바로 그렇다. 절망의 시기에 손정의 회장은 그의 롤모델이었던 료마를 다시 만났다. 시바 료타로 소설 『료마가 간다』를 정독했다. 그가 열여섯에 큰 뜻을 품게 해준 바로 그 책이다. 료마는 33세에 죽었다. 그는 마음을 다잡았다. '자, 나도 5년이다. 그동안 뭔가 할 수 있는 일이 있을 거야. 그것을 하자, 목숨 바쳐서.'

손정의 회장은 1990년 일본 국적을 취득했다. '손'이라는 성(姓)을 그대로 쓰려 하자 일본 정부가 막았다. '한 사람만 쓰는 성을 허용할 순 없으니 일본 성을 쓰라'고 했다. 그때 손 회장 부인이 나섰다. 본인이 먼저 성을 '손'으로 바꿔버린 것이다. 덕분에 그는 한국식 성을 지

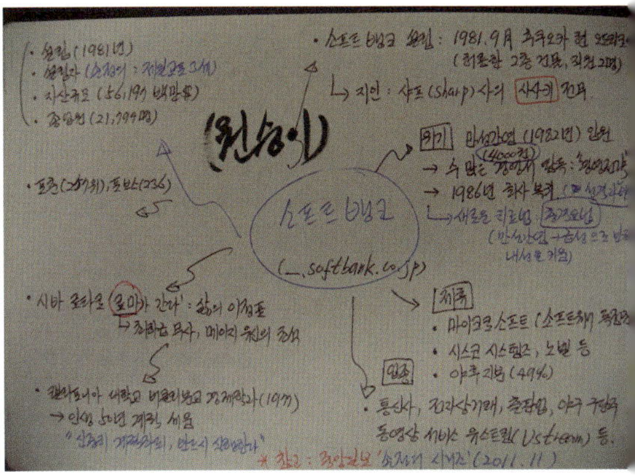

킬 수 있었다.

손정의 회장의 60대 인생 목표는 '다음 세대에 사업을 물려준다'였다. 교육자인 저자들로서는 어떻게 후계자를 기를 생각인지 무척 궁금했다. 정답은 소프트뱅크 아카데미에 있었다. 플라톤의 '아카데메이아'를 본뜬 이 학교의 제1목표는 '손정의 2.0'을 만드는 것이다. 소프트뱅크를 이끌어갈 차세대 최고경영자를 배출하려는 것이다. 짐 콜린스의 저서 『성공하는 기업들의 8가지 습관』에서 초일류기업의 조건이 경영자의 육성이다. 소프트뱅크 아카데미아는 소프트뱅크라는 거대한 기업의 미래를 그려갈 후계자를 기르는 곳이다.

선발과정을 보면 정원은 일단 300명. 그 중 200명은 소프트뱅크 그룹 내에서, 나머지 100명은 외부에서 선발했다. 무려 100대 1의 경쟁을 뚫고 패기만만한 젊은이들이 모여들었다. 경쟁사 직원도 있고 외국인도 있다. 후계자가 꼭 사내에서 나올 필요는 없다는 입장이다. 30년 뒤 소프트뱅크를 지금의 100배 규모로 키우려면 보통의 생각으론 불가능하다. 밖에 큰 인물이 있다면 당연히 데려와야 한다는 게 그의 생각이다.

후보자는 '내가 소프트뱅크 CEO라면 어떻게 할 것인가'를 항상 생각하도록 훈련받는다. 매주 수요일 오후 5시부터 4~5시간 진행하는 교육은 가능한 한 그가 직접 수행한다고 한다. 말하자면 그가 교장인 셈이다. 사실 교장선생님이 되는 건 그의 오랜 꿈이었고 가능하면 소프트뱅크 아카데미아의 교장으로 죽고 싶다고 한다. '교장'이 '사장'이나 '회장'이라 불리며 죽는 것보다 훨씬 낫지 않은가? 승부사 손정의에게 교육자의 모습이 보이는 순간이다.

6개월마다 한 번씩 프레젠테이션 경연을 한다. 일종의 '물갈이 전쟁'이다. 수강생의 긴장도가 높을 수밖에 없다. 소프트뱅크 최고경영자로서 사업 전략과 성장 전략, 투자 전략을 발표하고 수강생들이 직접 채점한다. 이를 통해 하위 10%를 솎아내는 것이다. 빈자리는 다시 새 수강생으로 채운다. 밀려난 사람이라도 원하면 언제든 재도전할 수 있다. 그는 그의 후계자가 될 사람에게는 스톡옵션으로 100억 엔 정도를 줄 생각이라고 한다. 그러니 지금 당신이 20대, 30대 젊은이라면 배포를 크게 가졌으면 한다고 말한다.

훌륭한 경영자들의 마지막 소명은 후계자 교육에 있는 것 같다. 마쓰시타 고노스케는 1980년 그의 나이 85세 때 마쓰시타 정경숙을 세웠다. 후계자 양성이라기보다 사회에 필요한 유능한 리더를 키우는 것이 목적이다. 결국 이 사회에 필요한 인재양성이라는 면에서 두 명의 경영자는 동일했다. 인생의 마지막에는 역시 교육, 후계자 양성에 관심을 가지는 게 순서다. 그들의 인재양성에 대한 혜안과 노력이 놀랍다.

……

소프트뱅크에서 도보로 10여 분 떨어진 곳에 하마리큐온시 정원이 있다. 일본의 차 문화를 경험할 수 있다고 해서 왔다. 오후 2시경이다. 이에야스 후손의 거대한 정원으로 내부의 조그만 찻집에서 다도를 즐길 수 있는 기회를 갖기로 했다. 입구에서 좁은 길을 따라 10여 분 일본정원을 느끼며 걸었다. 호수를 건너면 정원 속에 조그만 찻집이 있었다.

장군의 정원으로 알려진 찻집에서 다다미방으로 들어가 자리를 잡고 말차 체험을 기대했다. 그러나 마침 전기고장으로 오늘 차 대접은 곤란하다고 한다. 어쩐지 종업원 복장이 기모노 차림이 아니라 일반 복장으로 하고 있더라니. 마시지도 않은 말차의 느낌처럼 씁쓸한 기분으로 정원을 둘러보았다.

하마리큐온시정원은 도쿠가와 장군가의 정원이다. 해수를 끌어와서 만든 조수 연못과 두 개의 카모바(오리사냥터)가 있는 에도시대를 대표하는 영주 정원이다. 1654년, 도쿠가와 장군가의 매 사냥터에 4대 장군 이에아미의 동생이자 코후 재상이던 마츠다이라 아미시게가 바다를 메워 '코후하마야시키'라는 별장저택을 건설했다.

아미시게의 아들 '아미토요(이에노부)'가 6대 장군이 된 것을 계기로, 이 저택은 장군가의 소유가 되어 '하마고텐'이라 개명했다. 역대 장군에 의해 수차례의 조원과 개수 공사가 진행되어, 11대 장군 '이에사이' 시대에 지금의 모습으로 완성되었다.

(백과사전) 다도(茶道)

다도는 다실을 꾸미고 다도구를 준비하여 차를 마시면서 이야기를 나누고 즐기는 전체 과정의 양식을 말한다. 다도를 차 의식을 뜻하는 포괄적인 말로 사용하기도 하지만 대개 일본의 차 의식을 말하는 경우가 많다.

다도는 원래 중국을 거쳐서 일본으로 전해진 것인데, 일본이 이를 예술적으로 바꾸었다고 평가받고 있다. 일본의 다도는 16세기 후반 센노 리큐(千利休)에 의해 완성되었다. 다도의 예법에는 사무라이의 예법이나 노의 영향이 나타나고 있는데, 이것은 일본의 전통적인 예의 작법에 강한 영향을 미쳤다.

다도에 정신적인 의미를 부여한 사람은 다도의 시조라 불리는 무라타쥬코(1423~1502)였다. 이후 작은 다실에서 마음의 수양을 중시한 다케노죠에 이르러 일기일회(一期一會)의 다도윤리가 생겨났다. 일기일회는 차 모임에서 주인은 손님에 대해 손님은 주인에 대해 일생 한 번밖에 만날 수 없다는 생각으로 성의를 다하는 것을 말한다.

다다미 2장짜리 작은 다실 공간과 4시간이라는 한정된 시간 속에서 주인과 손님 그리고 손님과 손님 사이에서는 속세에서 벗어나 자연으로 돌아온 사람들의 만남이 이루어진다. 손님은 일생에서 단 한 번뿐인 차회라는 마음가짐으로 주인을 존경해야 하고 주인 역시 손님을 마음속 깊이 존경해야 한다.

다케노죠에게 사사받은 센노 리큐는 일본에서 일본다도를 정립한 것으로 유명한 역사적 인물이다. 특히 와비차(わび茶, 草庵の茶) 전통의 원조가 되었다. 그래서 일본에서는 다조(茶祖)라 부르기도 한다. 그는 종래의 다실 크기를 절반으로 줄이고, 조선의 투박한 용기를 와비차에 어울리는 차도구로 높이 평가하였다. '와비사상'이란 일본인의 특이한 미의식이다.

'와비'는 侘(차)라는 단어에서 유래되었다. 본래 '외롭다, 괴롭다, 시시하다, 초라하다, 흥미가 없다' 등의 부정적인 의미로 사용되었다. 그러나 '와비'는 부족함 속에서도 마음의 충족을 이끌어내는 일본인의 미의식이 되었다. 이러한 의식은 다도의 경지를 나타내는 개념으로 자리 잡았다. 다실의 다다미도 4장 반 이상의 크기에서 2장으로 간소화되었고 도구 또한 장식성이 강한 도구들은 배제되고 부족하면 부족한 대로 만족하고 사용하는 양식으로 발전했다. 여기서 부족함, 불완전함으로부터 아름다움을 찾아내는 미의식이 생겨난 것이다.

리큐는 오늘날 오사카 지방인 사카이에서 태어났으며 어릴 적 이름은 '요시로'였다. 58세 때 오다 노부나가의 다도 스승이 되었으며 그가 죽은 이후에는 도요토미 히데요시의 다도 선생이 되었다. 1585년의 오기마치 천황을 위해 일본 황궁에서 연 다도회에서 코지라는 이름을 받았다. 그는 특히 도요토미 히데요시의 총애를 받았으며 그를 위해 크고 작은 다도회를 열었다. 하지만 이후 도요토미 히데요시에게 미움을 사게 되어 자결을 명받아 1591년 2월 28일, 주라쿠 다이에서 할복하였다. 그의 죽음 이후에도 일본다도는 17세기를 거쳐 자손들과 제자들에 의해 계승되며 귀족층과 일본 중산 계급에도 널리 보급되었다.

임진왜란 때 수많은 도공들이 포로로 잡혀 갔다. 상당수가 귀화하지 않고 조선인으로 살았으며 이들은 도공 이외에는 아무것도 할 수 없었다. 현재 14대째 이어져 내려오고 있는 심수관요는 일본의 대표적인 이도다완이며 현재 한일 민간 외교사절이자 주한 가고시마 대사관 역할을 겸하고 있다.

도시바과학관

일본의 에디슨을 만나다

도쿄 남쪽에 위치한 카와사카에 있는 도시바과학관으로 이동했다. 카와사카에 내려 82번 버스로 도착하니 도시바 연구센터가 나온다. 도시바과학관은 연구센터 내에 있다.

보통 연구개발센터는 엄격한 분위기가 느껴지는데 방문자 명찰도 예쁜 기념품같이 생겼다. 오른쪽으로 돌아 과학관으로 들어갔다. 오후 4시 10분에 도착했는데 4시 45분에 문을 닫는다고 한다. 한국에서 온 배경을 설명하니 영어 가이드를 해주겠다고 한다.

도시바의 슬로건은 '리딩 이노베이션'으로 도시바의 혁신에 대한 기록은 도시바과학관에 잘 정리되어 있었다. 미리 예약을 한 관계로

예쁜 유니폼을 입은 안내원이 영어로 설명을 해주었다. 시원시원한 이목구비를 갖고 있는 늘씬한 아가씨가 일본식 영어 발음으로 친절하게 설명해 주었다(내 눈에는 분위기가 가수 옥주현 닮았네).

맨 처음으로 양력, 음력 등 6가지 형태의 시간을 보여주는 당시의 최첨단 기계인 만년시계를 보여주었다. 마감시간이 다가왔음에도 한국에서 온 손님을 대상으로 얼마나 열심히 설명을 해주는지 감탄할 지경이었다.

오후 5시 10분에 카운터로 돌아오니 나머지 여직원 두 명이 데스크 위에 한국과 일본 국기를 나란히 세워두고 우리를 기다리고 있었다. 반가운 마음에 함께 기념사진을 찍었다. 분주하게 움직이더니 기념품과 작은 책자까지 챙겨준다.

일반적으로 과학관에 전시된 물품들은 그 당시에는 최첨단이지만 세월이 지나면 한물간 물건들로 전락하여 별 감동이 없는 것이 사실이다. 그러나 도시바과학관에서는 이러한 점을 혁신이란 키워드로 구성하고 진열하여 특히 어린이들이 좋아하도록 설계되어 있었다. 특히 얼굴을 컴퓨터로 스캔하여 사무라이 얼굴로 전환시키는 체험은 흥미로웠다.

이어령 교수의 『축소지향의 일본인』에서 언급했듯이 작고 정밀하게 만드는 혁신적 DNA는 일본최초에서 세계최초의 제품을 탄생시키고 있었다. 일본로봇의 전형이라 할 수 있는 자동기계장치인 움직이는 인형은 재미를 넘어 감동을 주기에 충분했다.

도시바과학관은 3층 건물로 1층은 환경과 에너지, 2층은 최신 디지털 기술, 3층은 역사, 반도체, 의료, 조명과 관련된 제품과 자료를 전시하고 있었다. 도우미는 3층부터 설명하기 시작했다. 아마 창업자와 기업의 역사 자료부터 설명해야 하기 때문일 게다.

과학관 3층은 창업 이래 도시바가 걸어온 발자취와 최첨단 기술을 소개하고 있었다. 이곳에서는 도시바 창업자의 일화를 보여준다. 도시바의 창업을 이해하려면 다나카 히가히게와 후지오카 이치스케의 발자취를 따라가 봐야 한다. 1799년에 태어난 다나카 히사히게는 어렸을 때부터 무언가를 만드는 일에 재능이 있었다. 차를 나르거나 활을 쏘는 인형, 시간과 절기, 달이 차고 기우는 시계 등 여섯 가지의 시계가 하나의 시계로 만들어진 만년시계를 발명했다.

그의 나이 76세 되던 해인 1875년 도쿄 긴자에 각종 기계장치를 만들어 판매하는 '다나카 제작소'를 세웠다. 다나카 히사히게는 1881년에 서거하고, 다나카 제작소는 1904년에 사명을 '시바우라 제작소'로 변경했다.

'일본의 에디슨'으로 불리는 후지오카 이치스케 박사는 1857년에 태어났다. 1884년, 미국의 '발명왕' 토머스 에디슨을 만나서 다음과 같은 충고를 듣게 된다.

"아무리 전력이 풍부해도, 전기기구를 수입하는 나라는 망한다. 전기기구의 생산부터 시작해서, 일본을 자급자족할 수 있는 나라로 만들라."

이 말에 깨달음을 얻은 후지오카 박사는 1896년 '합자회사 백열사'

를 세우고, 백열전구를 본격적으로 생산하게 된다. 이후 1890년, 일본 최초 전차 운전, 전기 엘리베이터까지 설치하게 된다. 1899년에는 '도쿄전기주식회사'로 사명을 변경했다. 1906년에 열린 국제전기표준회의(IEC) 1회 총회에서는 일본 대표로서 참가하고, 1918년에 타계한다. 두 창업자 서거 이후, 1939년 두 회사는 '도쿄시바우라전기주식회사'라는 이름으로 합병했다. 이후 1984년, '도쿄'와 '시바우라'에서 한자 한 글자씩을 따서 오늘날의 '주식회사 도시바'라는 기업이 탄생했다. 이상이 도시바의 탄생에 관한 얘기다.

이제 창업자의 작품을 살펴보자. 톱니바퀴와 태엽으로 움직이는 '카라쿠리 인형'은 두 창업자의 장인정신을 잘 보여준다. 안내원이 테이블 반대쪽으로 이동해 보라고 한다. 1840년경에 만든 녹차 나르는 인형의 태엽을 감고 쟁반에 찻잔을 놓으니 인형은 우리 앞으로 찻잔을 가져왔다. 찻잔을 들면 멈추어 서 있다가, 다 마신 찻잔을 다시 놓으니 그 자리에서 빙글 돌아 원래의 자리로 되돌아갔다.

다른 한쪽에는 붓을 들어 글씨를 쓰는 인형과 화살을 통에서 뽑아

과녁을 향해 조준해 쏘는 인형이 놓여 있었다. 그 동작이 너무 부드럽고 정교하였다. 무려 170여 년 전에 복잡한 일을 수행하는 이 인형 기술로 물을 따르고 길을 안내하는 혼다의 로봇, 아시모의 기술이 꽃핀 게 아닐까?

또한 3층에는 도시바가 만들어낸 각종 '일본최초', '세계최초' 제품들을 전시하고 있다. 1931년에 만들어진 진공청소기도 전원을 공급하면 요란한 소리를 내면서 작동된다.

도시바는 사실 노트북 사업에 큰 비중을 두지 않았다. 하지만 도시바는 과감히 휴대 컴퓨터 시장에 진출했고, 실질적인 최초의 노트북 T1100을 만드는 데 성공했다. T1100은 적당히 무거워서 휴대가 가능했고, 성능에 있어서도 4년 일찍 나온 오스본1에 비해 훨씬 뛰어났다. 하지만, T1100을 승리자로 만든 가장 큰 요인은 IBM PC 호환성을 철저히 추구했다는 점일 것이다. 도시바는 IBM PC 호환성을 무시하다 미국 PC시장에서 어려움을 겪었던 아픈 과거를 가지고 있었기에, 기회가 다시 왔을 때 놓치지 않고 성공할 수 있었던 것이다.

이후 도시바는 1986년에 세계 최초로 랩톱 컴퓨터를, 1991년에는 현재 USB 메모리나 메모리카드 등에 널리 쓰이는 NAND 플래시 메모리를 개발했다. 1996년에는 세계 최초의 DVD 플레이어를 세상에 선보였다. 특히 기억에 남는 건 많은 일본의 전자기업들이 있지만 도시바가 1960년에 일본 최초로 컬러텔레비전을 만들었다는 사실이다. 우리들이 고개를 끄떡이면서 놀라움을 표하자 흑백텔레비전은 샤프라는 기업이 최초이지만 컬러텔레비전은 도시바라고 거듭 설명했다.

아카리(빛)의 방에서는 세상에서 가장 작은 전구, 가장 큰 전구를 비교해 본다. 가장 큰 50,000W의 전구가 얼마나 밝은지 직접 불을 켜 준다. 최대치로 올리면 눈이 너무 부시다며 절반만 켜 주었다. 반도체 코너에서는 반도체의 응용과 진공관 그리고 반도체 역사를 보여주고, 의료 코너에서는 초음파영상진단장치, MRI를 보여준다.

2층에서는 첨단기술을 실제로 보고 만지고 체험할 수 있다. 디지털 영상 코너에서는 자신의 얼굴을 여러 가지로 변형시켜 본다. 디지털 거울은 카메라 앞에 선 사람의 다양한 메이크업과 헤어스타일을 합성해서 보여준다. 이를 통해 어떤 헤어스타일이나 메이크업이 자신에게 가장 잘 어울리는지 실시간으로 확인할 수 있다. 우리도 직접 체험해 보니 사무라이 얼굴에서 대머리 얼굴 등 전혀 다른 사람 얼굴로 변했다.

엘리베이터 코너에서는 초고층빌딩에 사용되는 도시바의 엘리베이터 제작원리를 설명하였다. 세계 최고층빌딩에 도시바의 초고속 엘리베이터 기술이 숨어 있다. 설명을 듣다 보니 옆의 조그만 사각형 코너에 로봇이 있다. 스카라 로봇이다. 명령에 따라 물건을 나르는 등 여러 가지 쇼를 보여준다.

전시장 1층에서는 각종 기초과학 관련 전시물들이 마련되어 있었다. 직접 체험해 보거나 조작해 보면서 교과서에 등장하는 어려운 원리들이 실생활에 어떻게 활용되는지 이해할 수 있었다.

1층 로비에 들어서면 영상지구본이 있다. 지구온난화현상을 영상으로 설명해 준다. 환경과 에너지 코너에서는 애들이 좋아할 만한 정전기 현상을 직접 볼 수 있는 '반데그라프 발전기'가 전시되어 있다. 이 밖에도 자기부상열차 기반 기술이 되는 초전도체 등 다양한 전시물들을 볼 수 있다. 매우 낮은 온도에서 저항이 사라지는 특성을 가진 초전도체가 강력한 자석을 만날 경우, 공중에 뜨는 현상이 나타난다. 실제로 도우미는 공중에 뜬 초전도체를 힘을 주어 한 번 밀어주었다. 더이상 힘을 주지 않아도 정해진 궤도를 일정한 속도로 빙빙 돌았다. 이러한 원리를 응용해 만들어진 것이 '자기부상열차'이다.

도시바과학관 입구에는 과학기술과는 연관이 없어 보이는 대나무가 하나 서 있다. '특별한 인연'을 지닌 대나무라고 한다. 바로 토머스 에디슨이 최초의 전구를 발명할 때 필라멘트로 사용한 대나무를 옮겨 심은 것이다.

토머스 에디슨은 1,600여 개에 달하는 재료를 이용해 필라멘트 발명에 도전했지만 실패했다. 이에 고민하던 에디슨은 1880년, 연구원을 통해 죽순으로 유명한 일본 교토의 야와타에서 가져온 대나무를 이용해 필라멘트를 만드는 데 성공했다.

도시바(당시 '백열사') 역시 1890년에 같은 대나무를 이용해서 처음으로 백열전구를 만드는 데 성공한다. 도시바과학관에서는 개관 15주년을 맞은 1977년 6월, 야와타에서 대나무를 일부 기증받아서 이를 입구에 옮겨 심었다고 한다.

닛산자동차

일본 소형 국민차를 꿈꾼 기업

가와사키에서 요코하마로 출발했다. 닛산자동차 본사 갤러리에는 닛산자동차에 대한 정신을 벽면에 정리해 놓았다. 매력, 장인정신, 창의 등의 글씨 사이로 그들의 자동차 역사를 파노라마처럼 펼쳐 놓았다.

닛산은 1933년 12월 26일 창립되었다. 벽에 전시된 역사자료를 꼼꼼히 읽어보았다. 닛산의 뿌리는 1914년 카이신샤(快進社: Kwaishinsha)의 설립자 하시모도(橋本增次館)에서 시작되었다. 그는 순수 일본 국산차 1호인 닷토(DAT) 생산을 시작으로 일본 소형 국민차를 생산하려는 꿈을 갖고 있었다. 1920년대에 일본에 GM, 포드와 같은 외국 다국적기업들이 들어와 시장을 잠식하기 시작했다. 하시모도가 경영하는 카이신샤와 일본의 다른 두 제작사인 백양사와 실용자동차 제조회사가 합병해 '닷토자동차 제조주식회사'가 설립되었다. 하시모도는 합병회사의 전무가 되었다. 그의 소형 국민차 개발에 대한 꿈은, 실제로 500cc 소형차인 신형 닷토를 개발함으로써 그 발판을 마련하였다.

하시모도의 자동차에 대한 열정은 남달랐지만, 닷토자동차기업은 자금 부족과 GM과 포드 경쟁에 밀려 어려움을 겪었다. 이러한 상황에서 당시 일본의 재벌 도바다 회장 아유가와 요시스케(鮎川義介)가 1931년 닷토자동차를 인수하였다. 하시모도는 자신의 일생을 바친 회사가 다른 사람에게 넘어갔다는 사실에 충격을 받아 이후 자동차업계를 영영 떠나버렸다.

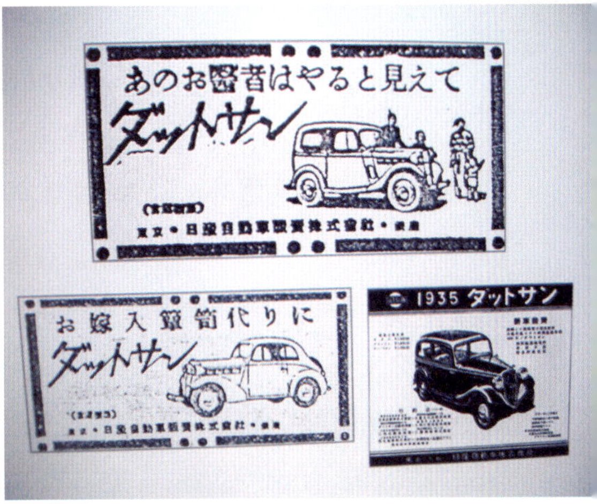

아유가와는 하시모도가 일생을 바쳐 이룩하려고 했던 소형 국민차 닷토의 뒤를 잇기로 한다. 그래서 생산한 모델이 '닷산(DATSON)'으로 '닷토의 아들'이라는 뜻이다. 닷산은 500cc 4기통 엔진에 4인승차로 당시 가격은 1,150엔이었다. 얼마 후 닷산의 '산'이 일본 발음으로 '손해 볼 損'과 같았기 때문에, 일본 국기의 상징인 태양을 뜻하는 'SUN'을 붙여 '닷산(DATSUN)'으로 바꾸었다.

그 후 1933년 12월 26일, 현재의 닛산이라고 할 수 있는 '자동차제조주식회사'가 설립되었고 다음 해인 1934년에 정식 사명(社名)이 현재의 '닛산(日産自動車工業株式會社)'으로 변경되었다.

하지만 닛산 설립자 아유가와는 낡은 기계와 뒤떨어진 기술로는 외국기업과 경쟁할 수 없다고 판단해 미국과 독일에서 자재, 설비, 기술을 들여와 근대식 공장을 세웠다. 이후 닛산이 양산한 닷산이 일본 내의 GM과 포드의 경쟁을 물리치고 호주까지 수출하게 되었다.

그러나 제2차 세계대전의 발발과 일본의 패망으로 인해 닛산은 다시 경영난에 봉착했다. 문어발식 확장으로 세운 닛산그룹을 미군이 '악랄한 재벌'로 단정하고 해체해 버렸던 것이다. 하지만 경영진을 교체하고 조직을 재정비하여 1947년 닷산의 생산을 재개해 판매실적이 도요타보다 앞서기도 했다. 또한 1950년 발발한 한국전쟁 때 미군으로부터 군용트럭을 대량 주문받아 재도약의 기반을 다졌다. 1959년 영국의 오스틴 차를 바탕으로 한 닛산의 새 모델 블루버드(Blue Bird)를 선보여 1년 만에 20만 대를 판매하는 폭발적인 인기를 얻었다.

한편 1936년 설립 이후 오로지 자동차산업에 몰두해 온 도요타가 닛산의 블루버드가 인기를 얻자 곧바로 코로나(Corona)를 개발해 대응했는데, 판매기술에서 앞선 도요타가 이겼다. 이때부터 닛산과 도요타의 본격적인 경쟁관계가 시작되었다.

또한 닛산은 1966년 멕시코 공장 건설을 시작으로 해외진출을 시작했지만 1990년대에 계속된 장기 불황으로 최대의 적자를 내며 위기에 몰렸다. 그러던 중 1999년 르노(Renault)와 손잡고 8,800명을 감원하는 등 과감한 구조조정을 벌여 재기에 성공했다는 평을 받고 있다.

요코하마 게스트홀에 있는 닛산엔진뮤지엄에는 1935년에 제작된 7형 엔진을 시작해, 28기의 역대엔진과 닛산의 역사 자료를 전시하고 있다. 게스트홀 건물은, 창업 당시의 본사건물(요코하마 1호관)의 모습을 재현해서 개축하였다. 요코하마 시내에 남아 있는 유일한 제2차 세계대전 전의 공장사무실 건물이다.

2002년 11월 요코하마시가 역사적 건조물로 인정하였다고 한다. 예전엔 본사 사무동으로서 사용되었던 건물이 '게스트홀'로서 공개되어 있으며 이곳은 예약 없이 입장할 수 있다. 1층의 '엔진박물관'에는 자동차와 엔진의 구조에 대해서 배울 수 있다. 근대풍의 세련된 인테리어로 꾸며진 2층에서는 요코하마 공장의 역사와 함께 전시되어 있는 미니카가 눈길을 끈다.

(백과사전) 라면박물관

1994년 세계 최초의 음식 테마파크로 이와오카 요지가 설립했다. 신요코하마에서 태어난 그는 라면에 대한 열정으로 지역사회 발전에 공헌하기 위해 라면박물관을 설립했다. 한국 사람들도 많이 방문하는 곳이라 한국어 가이드북이 따로 있다.

라면박물관 구조는 크게 1층, 지하 1층, 지하 2층으로 구성되어 있다. 기념품 가게가 있는 1층은 간단히 둘러보고 라면을 먹기 위해서는 지하로 내려가야 한다. 지하는 총 2층의 구조로 되어 있고 라면가게가 입점해 있는 식당가와 1958년 도쿄거리가 재현된 공간으로 나누어져 있다. 1950년대 도쿄 길거리 모습을 재현해 두고 일본 각 지역 대표 라면상점이 입주해 있다. 일본인들이 옛 추억을 떠올리며 고향의 라면 맛을 느낄 수 있는 곳이라 인기가 높다. 많은 라면가게들 사이에 광장역할을 하는 공간에서는 옛날 시골의 시장 풍경을 보여주듯 상인 복장을 한 사람들이 공연을 행하고 있었다.

일본 라면은 된장(미소), 간장(소유), 돼지고기육수(돈고츠), 소금(시오) 등 크게 4가지로 분류된다. 기본 맛을 된장, 소금, 간장으로 낸다고 하더라도 닭고기, 돼지고기, 생강, 어패류, 마늘, 고춧가루 등 원재료가 어떻게 들어가느냐에 따라 수십 가지의 라면이 있다. 이곳에 입점한 라면가게들은 일본 전국에서 온 전통 있는 명문 가게들이다. 몇 대에 걸쳐 가업을 계승해 오고 있는 가게들이고 일본 전역의 전통 있는 원조라면 맛을 이곳에서 즐길 수 있다. 고추가 들어간 라면이 입맛에 맞을 것 같았지만 전통적인 된장라면을 먹어보기로 했다. 국물에 기름이 둥둥 떠 있어 다소 느끼하지만 맛은 일품이다.

라면 면발을 보면서 라면 유래에 대해 궁금해졌다. 라면은 1870년대 일본 요코하마 중국집에서 유래했다는 설과 1922년 삿포로에서 시작됐다는 설이 있다. 현대식 라면의 원조는 1958년 닛신식품이 선보인 '치킨라멘'이다. 공식적인 출생년도는 1958년이다.

일본의 라멘은 한국의 인스턴트식품인 라면과는 다르다. 요리사의 노하우가 농축된 육수를 중시하는 요리이다. 주로 일본인의 입맛에 맞게 양념된 중국식 밀가루 국수를 간장 소스나 된장으로 양념한 국물에 말아 먹으며, 구운 돼지고기와 콩나물, 중국 죽순 등을 곁들여 먹는다. 일본의 라멘 전문점에서 파는 라멘은 종류도 다양하고, 맛과 가격도 천차만별이다. 그 중에서도 유명한 곳은 하카타 라멘, 삿포로 라멘, 오키나와 라멘, 나가시마 라멘 등이다.

도요타자동차

인간과 자동차의 풍요로운 미래

오늘은 도요타자동차 박물관을 찾아간다. 일본인들이 존경하는 일본 경영의 3신은 파나소닉의 마쓰시타 고노스케, 혼다자동차의 혼다 소이치로, 교세라의 이나모리 가즈오라고 한다.

미스 키노(木野)가 설명을 해주었다. 안내원들은 정문에 4명, 각 층마다 1명씩 배치되어 방문객들을 맞아주었다. 빨간 상의에 검정색 치마를 입고 흰 줄이 나 있는 멋진 모자를 쓴 키노는 친구가 서울대에 다니고 있다고 한다. 생글생글 웃는 얼굴로 잘 설명해 주었고 도요타의 마스코트라고 불러주고 싶었다(본인은 좋아할지 어떨지 모르지만).

도요타박물관은 도요타자동차가 창립 50주년을 기념해 1989년 4월 설립한 자동차 전문박물관이다. 면적은 46,700㎡(14,000평)이다. 도요타박물관은 자동차의 역사를 함께 배우며 인간과 자동차의 풍요로운 미래를 위하여 만들었다고 한다. 도요타박물관은 세계 각국의 다양한 자동차를 소장하고 있으며, 특별기획전시는 물론 기획력을 뽐내는 각종 이벤트로 유명하다. 미국 포드사의 자동차박물관보다 규모는 작지만 전시품 내용이나 운영에서는 앞선다는 평가를 받고 있다.

전체적인 구조를 살펴보자. 박물관 건물은 3층으로, 1층은 안내코너, 정보제공 코너, 2층은 구미 자동차, 3층은 일본차를 전시하고 있다. 가솔린 자동차가 탄생한 19세기 말부터 시작된 자동차의 역사를 약 120대의 실용차량을 중심으로 전시하고 있다.

1층 전시장에 들어서면 제일 먼저 눈에 띄는 자동차가 있다. 창립자인 도요타 키이치로의 창의성과 기술력이 접목된 도요타의 양산 1

호차 'AA승용차'이다. 전시된 자동차는 1936년 당시의 자동차 도면을 바탕으로 복원된 것이다. 자동차박물관 안내책자에도 표지모델로 등장하는 대표 자동차이다. 안내판에는 'AA형은 순수 일본의 두뇌와 기술로 만든 자동차'라는 설명이 있다. 일본의 기술과 디자인, 일본인의 손에 의한 품질을 고수하는 도요타의 경영이념을 엿볼 수 있다. 관람객은 박물관을 둘러보며 자동차의 발전과정뿐만 아니라 도요타의 경영이념도 자연스럽게 이해하게 된다.

2층의 미국 및 유럽 자동차전시관에는 1800년 말~1940년대의 자동차를 5개 구역(Zone)으로 나눠 60여 대의 대표차량을 시대 순으로 전시하고 있다. 견학 온 어린이들이 벤츠 1호차 모형을 둘러싸고 설명을 듣고 있었다.

3층에는 일본 자동차들이 전시되어 있다. 1935년 생산된 일본 최초의 자동차 닷산부터 1970년대 스포츠카까지 역사적인 의미를 지닌 일본 자동차 60여 대를 5개 구역(Zone)으로 구분해 전시하고 있다. 일본인에 의한 자동차 생산(1930~1950년대) 소개 코너에서는 1936년 일본 정부의 자동차제조사업법의 시행과 더불어 일본의 본격적인 자동차 생산 당시의 자동차를 전시하고 있다. 일본 최초의 양산 자동차인 오오토모(1924년)를 설계도 및 자료, 증언을 바탕으로 직접 복원하여 전시해 놓았고 복원과정도 영상물로 상영하고 있다.

일본 자동차기업들의 미래를 위한 전시장에는 모터쇼 등에서 소개된 최신 자동차가 전시되어 있다. 이 외에도 자동차 관련 포스터와 자동차 관련 서적 약 15,000권을 비롯해 잡지, 영상자료 등을 갖춘 도서열람실이 운영되고 있다.

도요타자동차박물관 견학 후 도우미에게 공장 견학을 원한다고 하니 도요타시 카이센으로 이동해야 한다고 한다. 이미 시간은 10시 20분을 지나고 있고 11시에 공장투어가 있을 예정이다. 예약도 하지 않았고 거리상 대중교통으로 가긴 어렵다. 안내원 키노(木野)는 우리들이 원한다면 예약해 줄 테니 택시로 11시 전에는 도착해야 공장투어를 할 수 있다고 한다. "공장투어를 할 수 있게 해주세요." 우리의 부탁에 키노는 카이센 공장에 직접 전화를 걸어 예약 접수했다. 서둘러 택시 예약을 위해 수화기를 들었고, 10분 후 택시 한 대가 도착했다. 키노는 택시기사에게 자세하게 상황설명을 하는 듯했다.

넓은 도요타시를 택시를 타고 들어갔다. 연신 지도책을 살펴보며 식은땀을 흘릴 정도로 목적지를 찾아 헤매는 연세 드신 운전사가 안쓰러워질 정도이다. 11시 정확히 시간을 맞추겠다는 사명감으로 운전대를 이리저리 돌리고 있었다. 도요타 회관은 원래 3개월 전에 온라인으로 예약을 해야 가능하나, 공장방문은 11시에서 오후 1시까지 계획되어 있다.

정확하게 11시 1분에 공장투어 차량 앞에 도착했다. 공장투어 가이드가 반갑게 맞아주고 택시 운전사 할아버지의 얼굴에 안도와 기쁨의 얼굴이 어린다. 고맙다는 말을 두 번 외치고 서둘러 버스에 올랐다. 공장투어 가이드는 차에 시동을 걸어놓은 상태에서 주차장 입구에서 기다리고 있었다. 도착하자마자 바로 봉고차에 올랐다. 대형버스 몇 대는 일본인 방문객들을 태우고 벌써 출발하고 있었다.

외국인 방문자용 미니버스에는 외국인 4명(두 명은 중국인 부부인 듯하고, 나머지는 미국인 같다)이 타고 있었다. 견학차를 기다리게 한 한국에서 온 친구 2명이 타자 견학버스는 출발했다. 한국인 대학생 친구가 있다며 공장투어 예약, 투어장소까지 편하게 갈 수 있도록 택시까지 잡아주었던 키노(Kino)에게 감사드린다. 안내는 林이 유창한 영어로 해 주었다.

좋은 생각이 좋은 품질을 만든다

도요타 공장은 일본에 12개가 있지만 10개가 도요타시 주변에 있다. 도요타시는 원래 아이치현의 중심에 위치한 전통적인 농촌지역 중심도시였고 이름도 도요타가 아닌 고로모였다.

고로모는 넓은 공장과 값싼 노동력을 내세우며 도요타를 유치했다. 도요타자동차 본사의 소재지로 자동차회사가 유명해지면서 지명을 도요타로 바꾼 것이다. 1959년 도요다의 본거지인 고로모시는 도요다의 성공을 기념해 시 이름까지 도요타로 바꾸었다.

우리들이 방문한 도요타시에 위치한 모토마치 공장은 도요타 본사 바로 옆에 위치해 있다. 모토마치 공장은 도요타가 일반 견학자를 위하여 개방하는 공장이다. 도요타생산시스템을 홍보하고 학습하기 위한 현장이라는 느낌을 받았다. 도우미도 설명도 상당히 전문적이다. 상당 수준 도요타생산시스템 교육을 받았을 것으로 예상된다.

공장으로 이동하는 동안 가이드는 간단한 안내책자를 제공하고 기업에 관한 설명을 영어로 시작했다. 기업연혁, 일본과 해외의 공장위치, 생산량, 생산공정과 주요 모델을 설명해 주었다.

"좋은 생각이 좋은 품질을 만든다(Good Thinking, Good Product)."

도요타시에 위치한 도요타자동차의 모토마치 공장 곳곳에서는 이런 내용의 현수막이 눈에 띄었다. 1959년 세워진 모토마치 공장은 160만㎡ 규모로 12개의 일본 내 도요타 공장 중 두 번째로 크다. 생산

자동차 모델은 크라운과 마제스타, 마크X, 에스티마 등 4개 차종이다. 한국에서 보기 힘든 차종들이다.

공장투어는 생산과정 중에서 용접(Welding)과정을 20분 정도 설명하고 다시 버스로 돌아왔다. 이동 후에 15분 정도 조립(Assembly)라인을 방문했다. 공장투어는 공중 이동로를 통해 걸어가면서 설명하니 아래로 시야가 확보되어 이해가 쉬웠다. 자동차 공장에 대한 설명이 체계적이고, 약간의 공장 소음이 있지만 스피커를 통해 가이드 설명이 이어폰으로 정확하게 전달되었다. 마치 공장견학을 위한 공장이 아닐까 생각이 들었다.

도요타는 도요타생산방식(TPS)이라고 부르는 자기만의 경영방식으로 성공가도를 달렸다. 도요타생산방식을 만든 오노 다이치(大野耐一) 도요타 전 부사장은 예고 없이 공장에 나타나 현장을 묵묵히 응시하곤 했다.

현장 책임자가 '무슨 문제가 있느냐'고 물으면 항상 호주머니에 넣고 다니던 '공포의 분필'을 꺼내 책임자의 둘레에 조그맣게 원을 그려놓고 자리를 떴다고 한다. 문제점을 찾아낼 때까지 원 밖으로 나오지 말라는 뜻이었다. 오노 부사장이 돌아왔을 때도 현장 책임자가 문제점을 찾아내지 못했으면 원을 하나 더 그려놓고 다시 사라졌다. 결국 도요타생산방식이란 스스로 문제점을 찾아내고 끊임없이 개선하는 것이다. 이러한 도요타생산방식에서 핵심은 JIT(저스트 인 타임)와 자동화이다.

도우미가 가장 중점을 두고 설명하는 내용은 JIT(저스트 인 타임)와 사람 인 변이 붙은 자동화였다. 이 공장 역시 적기 납품을 의미하는 'Just In Time'을 핵심 운영방식으로 채택하고 있었다. 필요한 부품을

그때그때 바로 조달하고 보충하는 방식으로, 재고를 전혀 남기지 않는 효율적 생산시스템으로 가격경쟁력을 확보할 수 있다.

부품통 측면에 부착된 작은 종이가 눈길을 끌었다. 각 라인에 배치된 직원들이 필요한 부품을 필요한 양만큼 곧장 쓸 수 있도록 한 설명서였다. 지시에만 따르면 한 치의 오차도 발생하지 않는다고 한다. 재고를 쌓아놓지 않겠다는 도요타생산방식의 하나인 셈이다. 140여 개 부품업체로부터 3천여 개의 부품을 매일 납품받아 가동하고 있다.

자동화 개념도 약간 다르다. 흔히 우리가 알고 있는 자동화는 움직일 동(動)자를 쓴다. 움직일 동자에 사람 인 변이 붙은 '동(働)'자는 우리나라에는 없는 한자로 일본어에서 '일하다'의 의미이다. 즉 단순히 자동으로 움직이는 기계가 아니라 스스로 일을 하는 자동화 기계여야 한다는 것이다.

그렇다면 자동으로 움직이는 기계와 스스로 일을 하는 기계는 어떠한 차이가 있는가? 이를 이해하려면 도요타자동차의 모체인 도요타자동직기의 창업자이자 발명가였던 도요다 사키치까지 거슬러 올라간다. 그는 문제가 생겼을 때에 자동으로 정지하는 자동직기를 발명했다. 이 자동직기는 실이 끊어지면 자동으로 멈추는 특허로 유명했다.

당시 그는 "불량품을 만들어 내고 있는 동안은 일을 하고 있는 것이 아니다!"라는 유명한 말을 남겼다. 불량품을 만들어 내고 있는 동안은 단순히 움직이고 있는 것뿐이며, 그런 상태를 "일하고 있다"라고 말할 수 없다는 것이다.

이러한 도요다 사키치의 정신은 도요타자동차 공장에서 계승되어 작업자가 임의로 라인을 세울 수 있게 하는 장치로 발전했다. 미국 등 구미지역의 전통적인 자동차공장에서는 일개 작업자가 라인을 세운다는 것은 감히 상상도 못할 일이다.

모토마치 공장의 도우미가 반드시 견학자들을 세워서 소개하는 장소 중의 하나가 생산라인 곁에 늘어져 있는 하얀 끈이 잘 보이는 곳이다. 이곳에서 볼 때 또 하나 눈길을 끄는 것은 쉴 새 없이 들려오는 차임벨 소리였다. 근무자가 공정 중 조금이라도 이상이 발견됐을 때 '히모스위치'를 당기면 즉각 라인 가동이 중단된다. 그러면 책임자가 현장에서 문제를 해결한다. 실제로 가이드가 설명하는 동안 두 번 정도의 벨이 울렸고 간단하게 문제가 해결되었다. 여기서 도우미는 "작업자가 조립 도중에 무언가 이상을 발견했을 때 이 끈을 잡아당기면 생산라인에 설치한 램프의 색깔이 푸른색에서 황색으로 바뀌고 음악이 울리면서 라인이 선다"라고 설명한다.

이후 작업반장이나 베테랑 작업자들이 라인을 세운 작업자 곁으로 모여 이상을 해결한 뒤에야 다시 라인을 가동시킨다. 물론 그 사이에 다른 작업자들은 일손을 놓을 수밖에 없다. 언뜻 보기에는 손실이 대단할 것 같지만, 그런 식으로 하나씩 문제를 해결해 나가는 것이 그 문제를 매몰시키는 것보다 장기적인 시점에서는 득이 된다는 생각이다. 포드의 컨베이어시스템이 단순히 기능적인 자동화를 통해 생산성을 높이려는 것에 비해 도요타는 보다 인간적인 요소를 중시하고 있다.

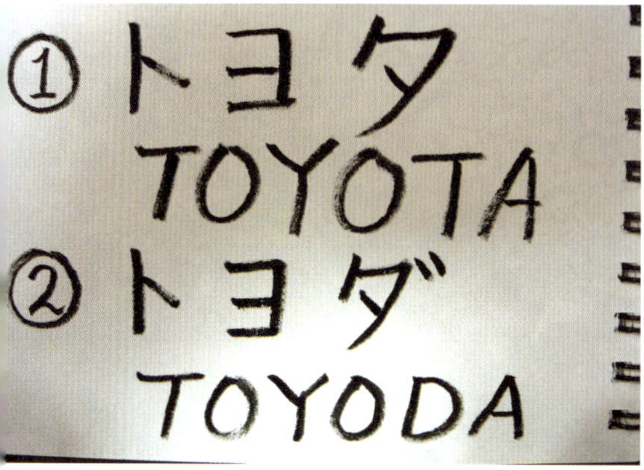

공장견학을 마치고 박물관으로 돌아오면서 가이드는 마지막으로 도요타라는 이름에 대해 설명했다. 창업자의 이름은 도요다(Toyoda)인데 왜 도요타(Toyota)라는 기업이름을 사용할까? 도요타자동차의 창업주 가문은 '도요다(豊田)'이다.

초기엔 회사명을 '도요다'로 쓰다가 일본어 표기 시 탁점을 없앨 수 있고 발음이 경쾌하다는 이유로 '도요타'로 상표 등록을 했다고 한다. 또한 그림에서 1번의 도요타는 일본어로 표기할 때 8획, 2번의 도요다는 10획이 된다. 8이라는 숫자가 일본에서 좋은 의미가 있어 도요타를 선택했다고 설명한다.

설명을 듣고 있던 중국인 부부는 8이라는 숫자는 중국에서도 돈을 부른다는 의미로 좋은 뜻으로 선호된다고 맞장구친다. 덧붙이자면 한국에서는 도요타, 도요다, 토요타 등이 혼재 사용된다. 외국의 인명·지명을 포함한 모든 외래어는 외래어 표기법에 따라 적고 있다.

일본어 표기법은 어두에 무성음 거센소리(ㅋ, ㅌ, ㅊ) 사용을 인정하지 않고 있다. '큐슈(九州)'는 '규슈'로, '치바(千葉)'는 '지바'로 표기하는 것이 한 예다. 따라서 원음이 '토요타'든 '도요타'든 '도요타'로 쓰는 것이 맞다.

다만 한국 법인의 경우 법인 등록을 한 그대로 써준다. 한글로 등록

된 고유명사에 외래어 표기법을 적용할 수는 없기 때문이다. 이런 이유로 외국 회사명과 그 회사의 한국 법인명이 다르게 쓰이는 경우가 종종 있다. 일본의 '도요타자동차'와 한국의 '토요타자동차', 독일의 '폴크스바겐'과 한국의 '폭스바겐코리아' 같은 경우다.

오후 1시 반경에 공장투어와 박물관 관람을 마쳤다. 옆 건물 지하에 있는 식당으로 내려가 점심을 시켰다. 식사시간이 지났는지 손님은 우리들밖에 없다. 일하는 아주머니 세 분이 열심히 요리해서 식사를 가져왔다. 식사 후에는 다시 안내데스크로 돌아와 나고야로 가야 한다고 하니 친절하게 길 안내를 해준다.

도요타산업기술박물관은 나고야 시내에 위치해 있다. 이 박물관은 도요타의 모태인 1910년대 방적기 공장을 복원해 건립했다는 데 역사적 의미가 있다. 기념관은 낮은 붉은 벽돌과 담장으로 둘러싸여 있고 옛 방직공장의 담장과 지붕의 모습을 갖췄다.

1층 로비에서는 도요다 사키치가 발명한 섬유를 짜내는 거대한 환상직기가 방문객을 반긴다. 도요타가 섬유기업에서 출발했다는 역사성을 보여준다. 도요타 창업자 도요다 사키치의 발명품 '환상직기'는 연구와 창조의 정신을 강조하는 도요타의 정신적 상징이다.

도요타산업기술박물관은 산업기술관, 섬유기계관, 자동차관, 테크노랜드, 도요타관으로 이루어져 있다. 제품발명과 제조정신을 강조하기 위해 설립된 산업기술관, 섬유기계기술의 변천과정을 정리한 섬유기계관, 자동차의 구조와 부품, 생산기술의 변천과정을 이해하기 위한 자동차관, 각종 기계 작동의 원리를 이해하기 위한 테크노랜드, 도요타그룹의 역사를 알 수 있는 도요타관으로 각 건물은 나름대로의 목적이 있고 한국어 서비스도 실시하고 있다.

섬유기술의 발달을 보여주는 섬유기계관을 지나면 자동차와 관련된 부품 · 공정 · 완성차 등을 보고 체험할 수 있다. 특히 금속이 만들어지는 과정부터 자동화된 자동차의 공정시스템을 직접 조작해 볼 수 있어 학생들에게는 유익한 현장 체험학습 장소다. 문짝과 보닛 등을 찍어내는 프레스 공정에서부터 조립공정을 버튼 하나로 반복해 볼 수 있다. 어린이와 함께 방문한다면 미니어처 자동차를 직접 조립해 볼 수 있다.

초기 자동차가 어떻게 만들어졌는지를 알 수 있게 꾸며놓은 자동차 산업변천사관에서는 도요타가 처음 판매한 승용차인 1936년 탄생한 AA형 자동차를 만날 수 있다. 또한 도요타를 최대의 일본 메이커로 성장하도록 견인한 1966년식 코롤라에서부터 하이브리드 차량까지

도요타의 자동차 변천을 알려주는 차들이 나란히 진열되어 있다. 자동차의 작동원리를 놀면서 느낄 수 있는 '테크노관'이다. 학생들에게 인기가 좋은 장소다.

기념관 곳곳에 도요타 일가의 선민의식, 즉 '밥을 굶는 불쌍한 국민을 먹여 살리기 위해서 우리가 열심히 일해 회사를 키워야 한다'는 기업가 정신도 느껴진다. 창업자 사키치의 경영이념인 '연구와 창조의 정신으로 국가 경제발전에 기여할 것'이라는 말도 자주 찾아볼 수 있다.

'기업은 연구와 창조정신으로 국가 경제발전에 기여할 것'이라는 사키치의 경영이념은 단순히 박물관의 한쪽을 장식하는 글귀가 아니었다. 관광명소가 된 이곳은 과거, 현재 그리고 미래의 청소년에게까지 훌륭한 현장학습의 역할을 해내고 있다.

도요타자동차박물관과 공장투어를 마치고 돌아설 무렵 사키치의 창립에서 세계를 누비는 도요타자동차의 질주하는 모습이 눈에 스쳐 지나간다.

한국에서는 자동차의 신화를 담고 있는 박물관이나 자동차 성지라 할 만한 곳이 없다. 물론 삼성자동차박물관이 있긴 하다. 자동차의 역사를 연구하고 다양한 자동차 문화를 소개, 전파하는 역할을 한다. 개인적으로는 '글쎄……' 하는 생각이 든다. 소니가 자동차박물관을 가지고 있다는 어떤 느낌. 기업의 역사와 신화를 고스란히 담고 있는 박물관, 한국에도 자동차에 대한 자부심을 느낄 수 있는 날이 오기를 기대하면서 길을 나섰다. 혼다의 스즈카 서킷, 도요타박물관, 사키치 생가와 같은 자동차 신화를 접할 수 있는 그런 곳.

너는 자동차를 만들어라

가을걷이가 끝난 들판, 바싹 마른 대지에 한 톨의 먹이를 찾고 있는 까마귀, 산기슭에서 불어오는 서늘한 바람, 시골마을에는 고양이 두 마리와 왕왕 짖어대는 누렁이들.

일부러 집 안에만 있으려고 작정을 하지 않고서야 전혀 인기척을 찾을 수 없는 시골마을 풍경이다. 지도에는 역에서 기념관까지 약 2km라고 되어 있다.

길을 잘못 들어 우리는 지금 두 시간가량 헤매고 있었다. 그러다 겨우 조그마한 생가 표시 안내판을 발견했다. 일본어로 "도요다 사키치 기념관 다음 신호에서 우회전" 정도로 해석이 된다.

편의점에서 도요다기념관 위치를 물었으나 20대로 보이는 여직원은 전혀 모르는 눈치였으며 옆에 있는 남자직원에게 물었다. 그도 대충은 알고 있는 듯하나 역시 정확한 것은 아니라 아주머니 직원에게 물었더니 알고 있다면서 일본어로 설명하는데 도대체 알아들을 수가 없었다. 그래서 메모지를 내밀며 약도를 그려 달라고 했다. 시골길 약도라는 게 너무 간단하여 큰 길 두 개만 표시되어 있었다.

20여 분을 헤매다, 들판에서 배추를 수확하고 있는 노부부에게 도요다 사진을 보여주며 물었더니 반가운 표정으로 알려주었다. 비 맞고 헤매는 이국 청년들이 안쓰러웠는지 노부부는 트럭을 타고 오면서도 우리에게 길을 알려줬다. 어디든 할아버지, 할머니 마음은 측은지심을 가지고 있는 듯하다.

도요다 사키치를 만나려 가는 길은 험했다. 우리는 두 갈래 길을 선택할 수 있었다. 하나는 편안한 길, 즉 택시를 타고 가면 글쎄 한

20분 정도 걸릴라나? 둘째는 로버트 프로스트의 '가지 않은 길'처럼 험하고 사람들 발자취가 적은 좁은 길을 가는 것이다.

우리는 두 번째 선택을 하면서 직접 걸어서 기념관을 찾아 나섰다. 개미가 냄새만으로 길을 찾아 헤매듯 이리 갔다 저리 갔다 우리의 동선을 하늘에서 내려다보면 영락없는 길 잃은 개미 두 마리다. 가는 길에 비를 만났다. 좀 전만 하더라도 햇빛이 비쳤는데, 구름이 끼더니 비가 내렸다. 그러다가 이번에는 바람이 불고, 그것도 모자라 날씨에 짭짤한 양념까지 친다. 이제는 본격적으로 진눈깨비가 내리기 시작했다.

눈비 맞으며 그 분 생가 찾아가는 길, 까마귀는 왜 그리 울어대는지. 눈 내리는 날은 쫄깃쫄깃한 가래떡이 생각난다. 갓 뽑아낸 김이 모락모락 나는 것도 좋고, 며칠 지나 꾸덕꾸덕해진 것을 화롯불에 구워 먹는 것도 좋다. 물론 이런 날씨에는 뭐니 뭐니 해도 파전에 막걸리가 최고다. 찾고자 하는 생가는 안 나오고 진눈깨비는 내리는데 머릿속에는 먹을거리만 생각나는구나.

고개를 넘어 길이 복잡해 다시 한 번 지나가는 할아버지에게 길을 물었다. 젊은이가 별로 없는 시골 마을이다. 이제 목적지가 가까워졌는지 구체적으로 가르쳐 준다. 1시간 반 이상을 찾아 해맨 끝에 드디어 도착했다. 만약 여러분이 개인적으로 방문하고 싶다면 기차역에서 택시 타기를 권하고 싶다. 역에 도착했을 때 시간이 많이 남아 걸어가기로 한 게 화근이었다. 그러나 안내서 지시에 따르거나 기차역에서 택시를 탔더라면 우리의 여정은 다소 싱거웠으리라. 돌고 돌고 헤매다 두 시간 만에 생가에 도착했던 것이다.

반가운 마음에 다시금 안경을 추켜올려 확인을 했다. 아담하게 조성된 기념관이 먼저 눈에 들어왔다. 우리와 같이 동행한 바람도 진눈

깨비를 데리고 왔다. 기념관 입구에 들어서면 왼쪽에 도요다 사키치 동상이 보인다.

도요다 사키치는 '발명이 국가를 위한 길이라면 아무도 생각해 내지 못한 발명을 해 보이겠다'라고 어릴 때부터 발명에 대한 야망을 키웠다. 동상의 인물이 갑자기 현실이 되어 우리를 반갑게 맞아준다.

"어서 오시게. 먼 길 오느라 수고 많았네. 내가 도요다 사키치일세."
"안녕하세요. 만나 뵙게 되어 영광입니다."
"추운데 먼저 안쪽으로 들어오시게. 그래 무슨 일로 이 시골마을까지 찾아왔나?"

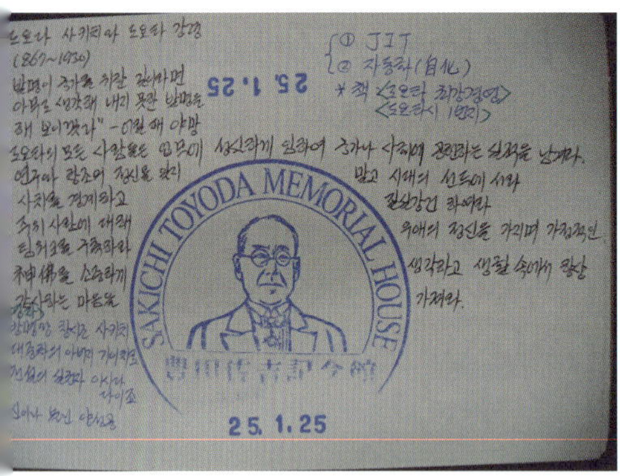

도요타 강령은 도요다 사키치의 경영철학을 담고 있다. 첫째, 도요타의 모든 사람들은 업무에 성실하게 임하여 국가나 사회에 공헌하는 실적을 남겨라. 둘째, 연구와 창조의 정신을 잊지 말고 시대의 선두에 서라. 셋째, 사치를 경계하고 질실강건하여라. 넷째, 주위 사람에 대해 우애의 정신을 가지며 가정적인 팀워크를 구축하라. 다섯째, 신불을 소중하게 생각하고

생활 속에서 항상 감사하는 마음을 가져라.

오른쪽 전시실에는 오디오, 다양한 책자와 중요한 물품들이 전시되어 있다. 제일 먼저 눈에 띄는 것은 방직틀이었다. 방직업체로 시작한 도요타의 역사가 잘 드러난다. 방직공장에서 세계를 주름잡는 자동차로 변화하는 요람이 이곳에서 생겨났다.

오솔길을 따라 조금 올라가면 곳간 같은 곳이 하나 있다. 사키치가 어릴 때 아버지의 눈을 피해 여러 가지 실험을 하던 곳이다. 좁은 길을 따라 한참 올라가면 오른쪽에는 물정화장치가 나온다. 사키치가 산에서 내려오는 물을 나뭇잎, 자갈, 모래 등을 사용해 정화시켰던 곳이라고 한다.

왼쪽으로 돌아 오른쪽으로 올라가면 높은 곳에 전망대가 있다. 맑은 날에는 하마나 호수와 후지산이 보인다고 한다. 그림으로 표시되어 있는 곳에 해당하는 부분을 아무리 살펴도 흐린 날씨 탓에 후지산은 볼 수 없었다.

정상에서 올라왔던 길의 반대편으로 내려오면 조그만 무덤과 꽃들이 장식되어 있다. 도요타 조상들의 묘라고 한다. 묘를 왼편으로 끼고 돌면 울창한 숲길 바로 아래 사키치가 태어난 생가가 있다. 사키치의 아버지는 조상의 후계자로 이 집에서 살았으며 사키치, 헤이키치, 사스케, 딸인 한이 모두 이 집에서 태어났다.

도요타는 1920년을 전후해 자동섬유직기로 큰 성공을 거두었다. 이를 바탕으로 자동차산업에 뛰어든 창업주 도요다 사키치는 1923년 발생한 관동대지진을 겪으며 도쿄대학을 졸업하고 도요타에 입사한 아들 기이치로에게 이렇게 말했다.

"지진 같은 재난을 당하면 철도는 쓸모없다. 지금 움직이는 것은 자동차뿐이다. 앞으로는 틀림없이 자동차시대가 온다. 나는 평생 섬유기계만 만들었으니 너는 자동차를 만들어라."

이렇게 도요타는 섬유기계로 출발해 2세에 이르러 자동차기업으로 성장한다.

관람을 마치니 11시 반이 넘었다. 이제 나고야로 돌아가야 할 시간이다. 조금 전까지 잠잠하던 날씨는 어느새 진눈깨비를 동반한 소나기를 불러왔다. 잠시 지나가는 비라 생각하고 길을 나서기로 했다. 시골이라 길을 물을 만한 사람이 없이 적막하다. 택시는 구할 길이 없고 유일한 방법은 조금 전 함께 관람했던 분들에게 길을 물어보는 것뿐이다. 기념관에 안내인이나 관리자는 전혀 보이지 않았다. 마치 9시 반에 문을 열어주고 가버린 것으로 그의 역할을 다한 것 같다.

마침 미니버스를 타고 오신 어르신들 몇 분이 도착했다. 지도책을 들고 영어로 길을 물어보았더니, 할머지 몇 분은 기겁을 하고 차로 돌아가 버렸다. 시골 할아버지, 할머니에겐 외국인인데다 영어까지 하니 부담이 되신 모양이다. 할아버지 한 분이 지도를 보더니 알겠다는 표정이다. 도요타에서 나눠준 약도는 너무 글자가 작고 상세하지 못하다. 차로 달려가더니 이곳 지역이 상세하게 표시된 큰 지도로 설명해 주었다(너무 빨리 차에서 내리려다 무릎을 부딪치기도 했다. 아이고, 죄송스럽네요). 덕분에 지름길로 갈 수 있겠다 싶었지만 시골길은 역시 미로처럼 복잡했다. 1시간 정도를 걸어 기차역에 도착해 나고야행 열차를 구입하고서야 우리 일정은 마무리되었다.

혼다와 스즈카 서킷

서킷이 필요했던 혼다 소이치로

혼다자동차는 1937년 혼다 소이치로가 설립했다. 혼다 소이치로는 '제품은 거짓말을 못한다'면서 기술의 혼다를 주창했다. 그는 본사의 사장실보다 공장으로 출근하는 것을 즐겼고, 작업복 차림으로 기술자와 어울렸다. 놀 때는 열심히 놀고, 일할 때는 2~3일 잠도 자지 않고 기술개발에 매달렸다.

일본 왕에게 훈장을 받을 때도 공장 작업복 차림으로 참석하여 주위 사람들을 깜짝 놀라게 했다는 재미있는 일화가 있다. '기술의 혼다' 창업자다운 면모다. 저자들은 그의 기술에 대한 자부심과 자신감이 묻어나는 행동에 잔잔한 감동이 일었다. 그래서 이렇게 한국에서 여기까지 찾아온 게 아닌가.

그의 청년시절도 예사롭지는 않다. 그는 어릴 때 도쿄 자동차 수리공장에서 견습공 생활을 시작했고 21살에 자동차 수리공장을 설립했다. 그는 '세계 최고가 아니면 일본에서도 최고가 아니다'라며 1948년 혼다기연공업을 설립하여 오토바이를 생산했다. 그리고 공장에 기술연구소가 있으면 마음대로 기술개발에 매달릴 수 없다고 생각하여 혼다기술연구소를 혼다기연공업에서 독립시켰다. 사업영역으로는 매출액의 76%를 차지하는 자동차부문과 14%인 이륜차부문, 그리고 캐피털사업과 발전기, 항공기엔진, 로봇사업 등이 있다.

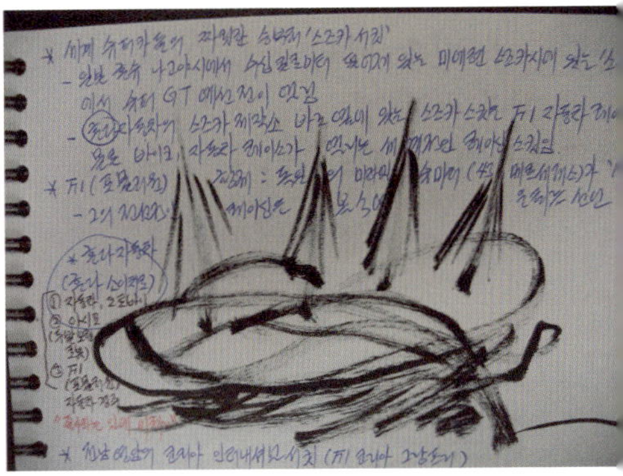

혼다 소이치로는 기술에 대한 열정뿐만 아니라 질주에 대한 갈망도 높았나 보다. 1961년 오토바이 경주대회에 참가하여 그랑프리를 차지했으며, 자동차 경주대회인 F1(포뮬러 원)에도 참가하여 1965년 멕시코 그랑프리에서 우승을 차지했다. 그는 기술에 대한 열정과 질주에 대한 본능을 가진 기술자이자 경영자였다. 세계 슈퍼카들의 짜릿한 승부처 '스즈카 서킷'. 일본 혼슈 나고야시에서 수십 킬로미터 떨어져 있는 미에현 스즈카시는 스즈카 서킷이 있다. 혼다자동차의 스즈카 제작소 바로 옆에 있는 스즈카 서킷은 F1 자동차레이싱은 물론 바이크, 레이스가 열리는 세계적인 레이싱 서킷이다.

열차로 스즈카 서킷에 도착하니 이미 주위에 어둠이 내려 있었다. 시골이라 더 정막하고 인적이 드물었다. 그야말로 일본의 시골 촌구석에 도착했다. 그것도 한 칸짜리 기차를 타고 왔다. 평생 처음으로 달랑 한 칸짜리 열차로 일본 시골길을 누비며 짜릿한 여행 기분을 만끽하는 호사를 누린다.

스즈카 서킷을 찾기 위해 주위를 둘러보니 아무도 안 보이네. 깜깜한 시골 간이역에서 배낭을 둘러맨 남자 두 명이 서성거리고 있는데, 누가 자진해서 도움을 주겠는가. 좁은 사거리에서 굴다리를 지나가기 위해 대기하고 있는 자동차에 아는 척을 해 봤지만 어느 누구도 얼굴조차 돌리지 않았다. 이 시골에 웬 이방인들 하는 눈치다.

할 수 없이 주변에 자전거 센터라고 되어 있는 곳에 불빛이 보여, '스미마셍'이라 불러 보았으나 아무도 없네 …… 바로 다음 집으로 갔더니 젊은 친구 한 명이 나와 길을 물어볼 수 있었다.

"포뮬러 원, 자동차경주가 열리는 스즈카 서킷은 어떻게 가나요?"

"스즈카 서킷? 아, 스즈카 스키토!(역시 일본에서는 일본영어로 해야 하나?)"

"예, 스즈카 스키토 맞습니다."

"작은 굴다리를 지나 똑바로 가면 돼요."

"몇 m 정도 떨어져 있지요?"

"약 1,000m 정도입니다."

"아리카토 고자이마스."

낯선 곳에서 길을 찾는 것은 갈림길에서 방향을 정확히 정하는 일일 거야. 이런 곳에서 길을 묻는 것은 시간을 단축할 수 있는 가장 중요한 것이지. 약간의 용기가 필요하다고나 할까? 여러 번 다녀온 외국출장에서 가장 확실히 피부로 느낀 교훈이라 할 수 있다.

문제는 일본의 작은 차들도 한 대씩만 지나가는 굴다리를 어떻게 건너가느냐가 문제였다. 혹시 다른 길이 있는지 역 계단을 다시 올라가 보았지만 깜깜한 시골길의 막막함을 안겨 주었다. 어두운 밤에 차들이 왔다 갔다 하는 길을 눈치껏 지나갈 수밖에. 마침 차들이 지나가지 않아 재빨리 지나갔다.

낯선 곳에서 그것도 깜깜한 밤에 호랑이 잡으러 가는 것도 아닌데 대단한 결심을 해야 하는 일을 우리는 하고 있었다. 터벅 터벅 걸어가고 있는데 작은 트럭 하나가 우리 옆에 서지 않는가. 우리더러 옆에 타라고 하네. 이런 행운도 다 있네. 내가 사람 얼굴을 잘 기억하지 못해 아까 길을 물은 그 친구인지 아닌지 긴가민가했다. 아무튼 서쪽 방향에 귀인이 나타나(밤이라 방향도 실제 정확하지는 않지만) 우리의 여행에 하나의 이야깃거리를 제공하시네. 작은 트럭이라 운전석 옆 어른 한 사람만 앉으면 딱 맞을 만큼의 공간에 우리는 몸을 구겨 넣었다(과거 폴더형 휴대폰처럼 몸을 거의 반으로 접었다고 볼 수 있을 정도로).

차를 타고 가는데도 은근히 멀었다. 걸어 왔으면 어두운 밤길에 도깨비가 나타나 잡아가도 어디다 하소연할 수도 없었을 것 같다. 포뮬러 원 경주장에 도착했으나 어두워 거대한 콘크리트 벽만 눈에 보인다. 한밤중이지만, 굉음을 울리며 잠자는 서킷을 깨우는 포뮬러 원 머신들이 시속 230㎞로 질주하는 모습을 상상할 수 있었다.

"포뮬러 원 경주할 때 참석해 봤어요?"

"예, 한국에서 열리는 경주에도 참석했는 걸요."

"한국 어디? 전라도 영암인가요?"

"글쎄요. 정확히는 잘 모르겠어요."

어라, 이 친구가 갑자기 문을 열며 들어오라고 하네.

"여기 직원이세요?"

"네, 이곳에서 생활하고 있습니다."

"좋은 직업을 가졌군요?, 포뮬러원 자동차경주할 때 세계에서 사람들 많이 찾아오죠?"

"예, 많이 옵니다."

이것도 인연이라 싶어, 같이 사진을 찍자고 했다(목에 스카프를 한 멋진 청년이다). 그리고 메모북에 이름을 적어 달라고 했다. 영어로 적길래 일본어 이름도 같이 부탁하고, 명함을 서로 교환했다. 그의 직업은 '레이싱드라이버'였다. 이런, 제대로 임자를 만났네. 이쯤에서 삶의 팁을 하나 던진다면, 일단 부딪치고 시도해라, 그러면 행운의 여신이 기특하여 하나의 실마리를 가져다준다. 민밋할 뻔했던 스즈카 서킷 방문이 카레이서 '레오 데라니쉬'를 만나 한층 더 풍성한 이야깃거리를 만들 수 있었다.

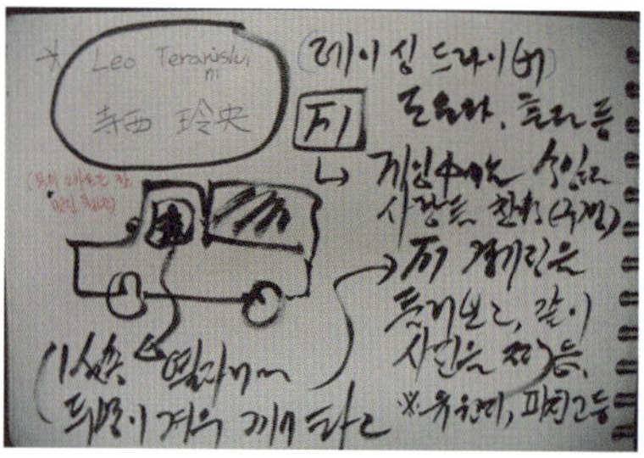

이쯤 되니 혼다의 창업자, 혼다 소이치로가 어떤 인물인지 더 궁금해진다. 그는 1906년 일본 스즈오카현 하마마츠시의 작은 마을에서 대장장이의 아들로 태어났다.

그는 10대부터 아트상회라고 하는 자동차 수리공장에서 실력을 쌓으며 자동차레이싱의 꿈을 키워갔다. 1929년에 직원 한 명과 함께 아트상회 분점을 내고 독립한다. 이것이 혼다의 모체이다.

(백과사전) 스즈카 서킷 유래

웅장한 스킷 건물을 보고 있자니 자못 스즈카 서킷의 유래에 대한 궁금증이 일었다. 1959년 9월 혼다는 스즈카시에 21만 평의 토지를 공장부지로 구입한다. 그 당시 스즈카시에서는 도시개발이 한창 활발하게 이루어지고 있었다. 도시개발 담당자가 부지를 항공촬영까지 하여 혼다에게 주는 열정을 보이면서 혼다의 서킷계획에 불을 당겼다.

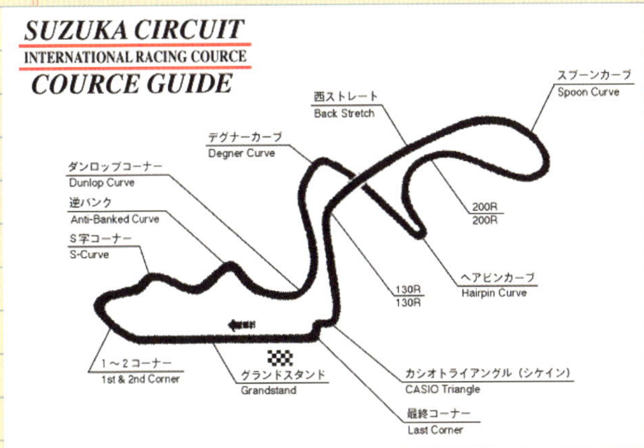

당초 공장부지에는 공장 외에 사원 복지시설과 레크리에이션 시설을 설립할 계획이었으나 혼다 소이치로가 "나는 서킷이 필요하다. 자동차라는 기계는 레이스를 하지 않으면 좋아지지 않는다"라는 의견을 내면서 전체적인 부지 계획이 바뀌었다. 그러나 서킷에 대한 전문적인 지식 없이 외국에서 구한 자료를 바탕으로 몇 개의 초안이 만들어지게 된다. 코스의 전체적인 레이아웃은 1960년 8월에 완성됐다.

차량의 성능을 향상시키기 위해선 유럽의 테크니컬 코스가 좋다는 혼다 소이치로의 생각을 그대로 받아들여 프로젝트팀은 유럽의 주요 서킷을 방문하였다. 서킷의 기본 레이아웃이나 설비, 규칙, 운영 방법을 배우는 것이 목적이었다. 서킷의 포장기술을 배워온 것이 상당히 귀중한 자료가 됐다. 그 당시만 해도 일본은 도로 포장기술이 뒤떨어져 있어 도로들은 여름만 되면 노면으로서의 역할을 충분히 하지 못했다.

1962년 1월 최종 레이아웃이 결정되고 소이치로는 자동차 마니아만 즐길 수 있는 서킷을 만들기보다는 가족 단위로 즐길 수 있는 유원지를 같이 건설해야 한다고 믿었다. 스즈카 서킷의 명칭은 1962년 7월 ㈜테크닉 랜드를 시작으로 1968년 4월에는 ㈜혼다랜드, '1987년 6월에 지금의 ㈜스즈카 서킷 랜드로 개명하게 된다.

국제 레이싱코스인 스즈카 서킷은 1년 넘게 밤낮을 가리지 않고 강행군을 하여 총 공사비 150억 원을 들여 전체적인 모습을 갖추었다. 이런 과정을 통해 1962년 9월 20일 스즈카 서킷은 이 세상에 태어났다. 1만 명을 수용할 수 있는 메인스탠드, 오토바이는 40대, 자동차는 20대가 동시 출발 가능하다. 전체길이 6km에 코스폭은 12~15m로 18곳의 커브와 오르막길 5곳, 내리막길 4곳, 6~12m의 폭을 가진 안전지대를 가지고 있다.

1991년까지 자동차와 모터사이클을 함께 생산한 이곳은 혼다에게 있어 고향과도 같은 존재이다. 자동차레이싱의 최고봉인 포뮬러 1(F1)에서 일본 자동차 업체로는 최초로 우승을 거두었다. 포뮬러 1은 기술의 경연장이다. 모든 엔진은 수작업으로 만든다. 그래서 장인정신이 높게 평가된다. 차체부터 엔진까지 전부 손으로 만든다. 대회 6개월 전부터 스즈카를 연결하는 나고야의 호텔은 모두 예약이 끝난다고 한다.

스즈카 서킷을 제대로 보려면 포뮬러 1에 대해 약간의 지식이 필요하다. 원래 각국에서 열리던 자동차경기를 1930년대 배기량, 차량 중량, 사용하는 연료의 양 등을 제한하여 같은 조건에서 경주를 하게 했다. 그래서 '규정, 공식'이라는 의미의 '포뮬러'라는 말을 사용한다. 배기량은 3,000cc 미만에 V10 엔진을 사용한다. 차량 중량은 575kg을 넘어야 한다. 참가팀은 페라리, BMW-윌리엄스, 맥라렌-메르세데스 벤츠, 르노, 조단-포드, 재규어, BAR-혼다 등 10여 개 팀이다.

경기는 사흘에 걸쳐 열린다. 첫날은 연습일, 이틀째 오후가 공식 예선이다. 예선 1위가 결승에서 맨 처음에서 출발하는 것을 폴 포지션이라고 한다. F1머신은 대당 가격이 보통 50억 원 정도 한다고 한다. 세계에서 가장 비싼 차 중의 하나인 롤스로이스 10대 가격과 맞먹는다. 포뮬러 참가팀의 이름은 보통 두 팀의 단어를 합쳐 만든다. 엔진 제작팀과 머신 제작팀이 다르면 두 팀의 이름을 합쳐 하나의 팀 이름이 된다.

BAR-혼다, 맥라랜-메르세데스처럼 단어와 단어 사이가 이음줄로 이루어져 있다. 앞의 기업은 차체를 제작하는 팀, 두 번째 기업은 엔진을 제작하는 기업 이름이다. 따라서 BAR이 차체를 제작했고 혼다는 엔진을 개발했다. 출전팀의 이름은 차체제작기업과 엔진제작기업의 연결관계에 따라 수시로 바뀔 수 있다. 페라리는 차체뿐만 아니라 엔진도 자체적으로 만들어 팀을 꾸렸음을 알 수 있다. 아무래도 전술을 짜고 머신 개발권이 있는 것이 차체개발 팀이기 때문에 이름이 앞에 온다.

일본 패전 직후인 1948년 9월, 오토바이를 만드는 '혼다기켄코교'를 설립하였다. 혼다의 시작이다. 정규 학교라곤 초등학교가 전부였다.

기술에 대한 불같은 열정으로 살았던 창업자 소이치로의 인생, 그리고 그를 내조해 혼다의 초석을 다진 경영의 달인 후지사와 부사장. 소이치로는 40대까지만 해도 3일 밤낮을 연구에 몰두하곤 했다.

그는 자서전『나의 생각』에서 다음과 같이 회고하고 있다. "엔진을 생각하면 머릿속에서 엔진이 돌아가 멈추지 않았다. 그래서 잠을 잘 수가 없었다." 불굴의 의지로 거대 기업을 일구어 냈다는 점에서 소이치로는 고 정주영 회장과 비슷한 점이 있다고들 한다. 소이치로는 기술에, 정 회장은 사업 확장에 열정을 바쳤다. 두 사람 모두 공교롭게도 초등학교 교육밖에 받지 못했다. 가난한 시골에서 형제가 많은 집에 태어난 점도 똑같다.

1973년 10월 소이치로 사장과 후지사와 부사장은 동시에 회사에서 물러났다. 기술을 사랑했던 그가 물러난 이유도 기술이다. 젊은 세대들의 기술이 자기 못지않다는 것을 깨닫고 바로 은퇴를 결심하게 된다. 소이치로가 67세, 후지사와가 63세였다. 명예회장으로 물러나는 것이 아니라 아예 회사 경영에 완전히 손을 뗀 것이다. 퇴임을 결심하면서 두 사람이 나눴던 대화를 살펴보자.

"그저 그런 정도로군." (소이치로)
"네, 그럭저럭." (후지사와)
"이쯤에서 괜찮겠지."
"글쎄요, 그렇게 하지요."
"행복했어."
"정말 행복했습니다. 감사합니다."
"나도 감사해, 괜찮은 인생이었다."

자신이 사랑했던 일을 마치는 시점에서 이런 대화를 나눌 수 있는 인생의 동반자가 있고, 자신의 인생을 이렇게 마무리할 수 있다니, 참으로 부러운 대화다.

자신의 퇴임을 이렇게 행복하게 마무리한 소이치로의 인생의 마무리는 어떠했을까? 1991년 8월 5일 간암으로 85세의 인생을 마감했다. 조문은 집안 가족끼리만 치렀다. 그는 생전에 장례식에 관해 이렇게 당부했다고 한다. "자동차를 만들고 있는 내가 거창한 장례식을 치러 교통정체를 일으키는 어리석음은 피하고 싶다." 그는 생을 마감하는 마지막 찰나의 순간까지도 기술을 사랑한 자동차의 장인으로 살았다.

도요타에서 고요한 신화를 느꼈다면 혼다에서는 기술을 사랑하고 질주본능을 폭발시킨 소이치로의 열정을 느꼈다. 이 모든 신화들을 뒤로 하고 이제 길을 나선다. 기술에 대한 열정과 질주에 대한 본능을 가진 이가 소이치로만 있겠는가?

페라리의 창업자, 엔초 페라리는 1898년 이탈리아 북부 모데나에서 태어났다. 10살 때인 볼로냐에서 자동차경주를 처음 본 그는 질주에 대한 갈망으로 최고의 슈퍼카를 만들어 낸다. 기술이든 질주든 열정으로 뭉친 그들의 유산을 보며 새로운 신화를 기대해 본다.

백과사전 아시모

세계 최초의 인간형 로봇 '아시모'. 아시모를 모르고 혼다를 이해할 수 없다. '아시나요, 모르시나요'의 줄임말처럼 들린다. 실제로 'ASIMO'라는 말은 Advanced Step in Innovative Mobility에서 따왔다. 인간과 동일하게 2족 보행을 모토로 함께 살면서 도움을 주는 로봇을 말한다. 소니가 아이보를 내놓을 때, 혼다에서는 아시모를 준비하고 있었다. 아시모의 키는 120cm, 아이들의 키와 비슷하다. 1986년도부터 혼다엔지니어링에 의해서 개발되기 시작하였고 2000년부터 본격적으로 개발이 진행되었다. 맨 왼쪽에 있는 2000년형은 처음으로 아시모란 이름을 가진 로봇이다. 인간과 함께 일상생활에 사용되는 것을 전제로 제작되었다. 따라서 계단이나 경사면에서도 이동이 가능하도록 i-Walk 기술을 적용한 로봇이다. 2001년형은 2000년형의 개량형이자 임대사업용으로 개발하고자 만들어진 모델이다. 사용자가 요구한 동작을 입력하고 안내 설명을 부여하는 휴먼인터페이스가 추가되었다. 2002년형은 커뮤니케이션을 개선해 사람의 자세와 몸짓을 이해할 수 있도록 개발되었다. 특히 사람의 얼굴을 인식하고 이름을 부르기도 하며 인터넷과 연결되어 정보를 제공하는 것이 가장 큰 특징이다.

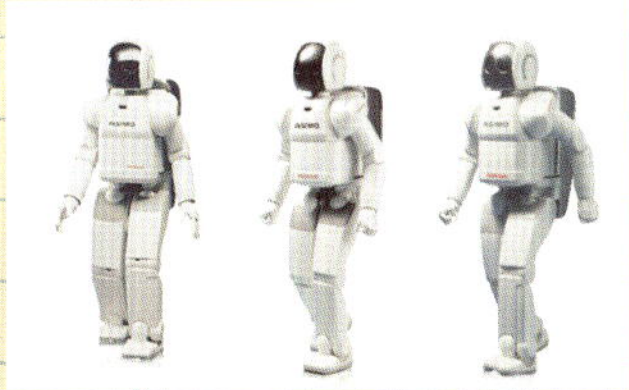

2000년형 보행기술: walk | 2001년형 임대사업 모델 | 2002년형 언어와 몸짓인식기능

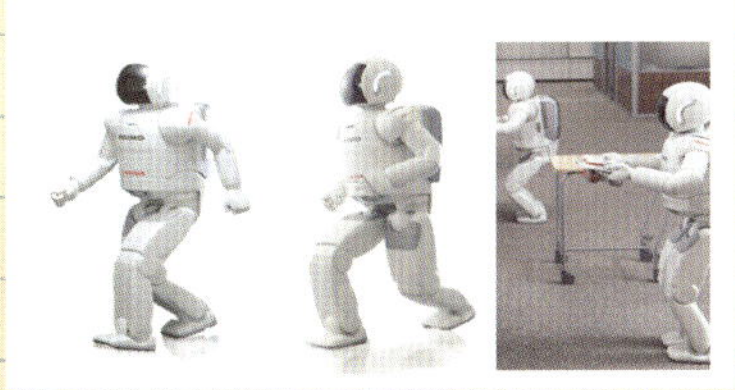

2004년형 자율연속 이동 빠른 이동 | 2005년형 트레이시선반 이동 커뮤니케이션 향상 시속 6km | 2007년형 여러 아시모와 공동작업 자율충전, 회피기능

2004년형은 지금까지의 아시모와는 달리 동작성을 크게 향상시켰다(시속 3km). 사람과 함께 사는 로봇을 모토로 개발된 아시모는 인간과 유사한 보행이 가능하도록 개발되었다. 지적 · 신체능력을 겸비하는 것을 목표로 개발된 2005년형 아시모는 주행 능력을 비약적으로 발전시켜 시속 6km의 속도를 보여준다. 놀라운 것은 일직선으로 달리는 직선 주행과 자기 위치를 스스로 보정하는 기능이 적용되었다는 것이다. 이러한 기술을 통해 인간과 손을 잡고 주행이 가능하게 되었다. 인간에게 한 걸음 더 다가온 모델이다. 또한 수레를 이동하거나 트레이를 운반하여 간단한 물건의 이동이나 접수 등의 역할을 수행할 수 있게 되었다.

2007년에는 기존의 아시모들이 주로 혼자서 작업을 하도록 만들어진 데 반해 2007년형 아시모는 공동작업이 가능하도록 설계되었다. 즉 다수의 아시모들과 함께 하나의 공동작업 또는 개별작업을 한 공간에서 진행할 수 있게 된 것이다. 또한 아시모 자신의 배터리 잔량을 고려하여 부족 시에는 주변 아시모가 일을 하게 하고 자가 충전을 하는 시스템까지 구현이 되었다.

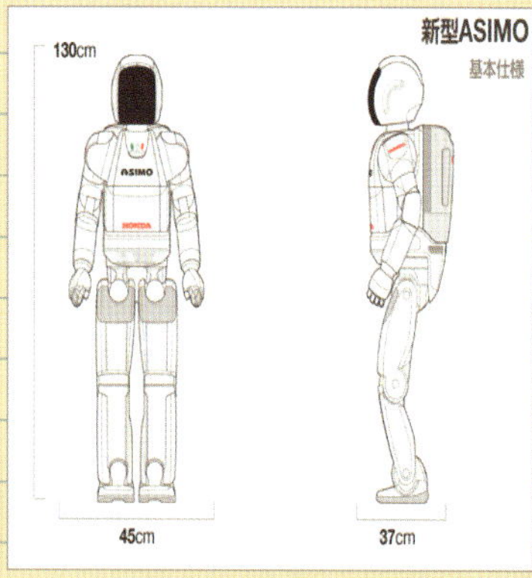

교세라

일본의 3대 기업가, 이나모리 가즈오

1959년 이나모리 가즈오는 자본금 300만 엔으로 교토세라믹(현 교세라)을 설립했다. 세계적인 기업가로 일본에서 가장 존경받는 경영자 중 한 사람이자 살아 있는 '경영의 신'으로 불린다. 마쓰시타 고노스케(마쓰시타전기 창업자), 혼다 소이치로(혼다 기연 창업자)와 함께 '일본의 3대 기업가'로 꼽힌다.

파인세라믹스에 관한 기술력을 바탕으로 각종 전자 부품, 산업용 부품 등의 제조사로 급성장한 교세라는 현재 통신기기, 정보기기, 카메라, 장식품 등의 제품군을 생산하고 있다. 1984년에는 NTT(일본전신전화)의 독점에 대항해 질 좋고 저렴한 통신서비스를 제공하기 위해 DDI(현 KDDI)를 설립하기도 했다.

그는 사재를 털어 이나모리 재단을 설립하고 '교토상'을 제정해 매년 11월에 첨단기술, 기초과학, 사상·예술의 3개 부문에서 인류의 진보와 발전에 공헌한 사람들에게 수상하고 있다. 그리고 1983년에 차세대 경영자들이 모여 경영철학을 공부하는 경영 아카데미 '세이와주쿠'를 설립해 인재 육성에도 힘쓰고 있다. 현재 58개 지부(미국, 브라질 등 해외 지부 포함)에 4,700여 명이 회원으로 활동하고 있다.

파인세라믹 교세라박물관에 도착했다. 1층 예술관과 2층 박물관이 있는데, 카운터에 여직원이 안내오디오와 간단한 신상기록을 요구한다. 번호를 누르면 각 코너에서 자세한 설명이 나온다(우리는 영어를 선택했다). 마침 한국 기업에서 단체로 박물관을 방문하여 우리도 같이 설명을 들을 수 있었다.

교세라 홍보담당자가 방문객들에게 인사를 하고 질문을 했다.

"여러분 중에 우리 제품을 가지고 계시는 분은 손을 들어 보시죠?" 주위를 둘러보며, "아, 네! 두 분. 무엇을 사용하고 계신가요?"라고 묻고 "네 휴대폰, 이렇게 우리 제품을 사용해 주셔서 감사합니다(꾸벅!)"라고 인사했다.

홍보담당관은 인상 좋은 중년아저씨로 머리도 좀 뒤로 벗겨져 있다. 차분한 목소리에 유머를 섞어 가며 재미있게 파인세라믹에 대해 설명해 주었다.

박물관 입구에 있는 강의실 스크린에 "교세라에 오신 것을 환영합니다"라는 문구가 보였다. 왼쪽으로 가면 박물관 관람이 시작된다. 각 영역별로 주요 제품을 연도별로 정리해 두었다. 전반적으로 제품 위주로 진열되어 있고 그 수가 아주 많다. 지금은 파인세라믹스의 특징을 살린 교세라의 각종 부품들이 컴퓨터, TV, 비디오 등 수많은 전자제품에 쓰이고 있다.

또한 그 기술을 응용해 에메랄드와 같은 재결정 보석이나 인공뼈,

태양전지, 나아가 휴대폰, 프린터, 디지털카메라 등을 생산하고 있다. 특히, 도자기, 보석, 전자제품, 태양전지, 치아 등에 관심 있는 사람이라면 자기 관심분야에 배경지식이 있어 더욱 흥미를 가질 수 있겠다.

전시관 전체는 파인세라믹기술, 역사, 세라믹기술의 진화과정, 파인세라믹 제조공정, 특성, 경영철학과 활동으로 구성되어 있다. 아쉬운 점은 제품위주로 전시되어 있고, 경영에 관한 자료나 창업자에 대한 정보가 다소 부족했다.

종합정보통신그룹으로 분류되는 교세라의 활동영역은 광범위하다. 세라믹을 포함하여 휴대전화, 디지털카메라에 이르기까지 전자・통신부문을 총망라하고 있다. 주력은 세라믹의 교세라와 정보통신의 KDDI로 양분된다. 전신은 공업용 도자기(파인세라믹)를 생산・판매하던 교토세라믹이다. 경쟁사에 비해 출발은 늦었지만 성과는 빨랐다. IC패키지에 최초로 파인세라믹을 활용하면서 반도체산업과 더불어 지속적인 성장이 가능했다. 시간이 갈수록 경쟁업체와의 격차도 벌어졌다. 창사 이래 단 한 번의 적자도 없을 만큼 최고의 이익률을 유지했다.

그룹의 또 다른 축은 KDDI로 요약되는 정보통신부문이다. 다각화의 대표적인 성공사례다. 1984년 정보통신사업의 자유화 조치에 따라 NTT에 도전하기 위해 세운 DDI(第2電電)가 본류다. DDI는 시외, 자동차, 휴대전화 등의 소프트웨어를 담당한다. 하드웨어는 모회사인 교세라가 맡는다. 초기 DDI 설립과 통신사업 진출은 돈키호테가 풍차를 상대하는 것처럼 묘사돼 일본 재계에서 비웃음을 사기도 했다.

하지만 이나모리 회장은 결국 공격적・창의적 방법으로 오해를 날려버렸다. 2000년 DDI를 포함한 4대 민간통신업체를 합병해 랭킹 2위의 종합전기통신회사인 KDDI를 낳았다. 시장점유율은 NTT에 이어 2위다. KDDI까지 포함하면 그룹의 총매출은 4조 엔을 훌쩍 넘는다.

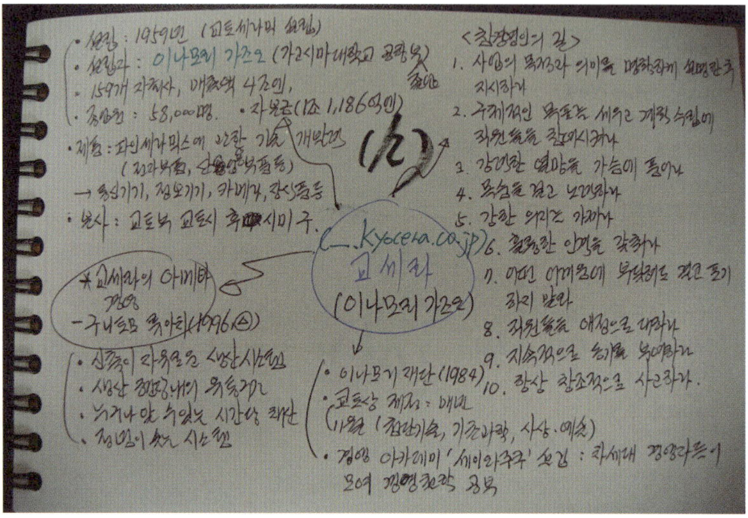

교세라의 본사 앞에는 '경천애인(敬天愛人)'이라는 글귀가 새겨진 비석이 자리 잡고 있다. 하늘을 공경하고 사람을 사랑한다는 이타심을 강조한 그의 경영철학을 표현하는 말이다.

이나모리 가즈오(盛和夫) 교세라 명예회장은 "돈으로는 사람을 움직일 수 없다"고 했다. 그는 "사람을 움직이려면 마음 깊은 곳에서 불타오르는 동기를 부여해야 한다"면서 "이를 위해서는 이윤을 뛰어넘는 숭고한 경영철학과 경영자의 인격이 필요하다"고 했다. 대의명분(大義名分)이야말로 최고의 동기부여 수단이라는 것이다. 이렇게 해서 '경천애인(敬天愛人)'이란 그의 경영철학이 나왔다.

(백과사전) 파인세라믹

세라믹스(Ceramics)란 고대 그리스어의 Keramos(흙으로 만들어진, 또는 불에 태워서 만든 물건 : burned stuff)란 말에서 나온 것으로서 사람이 인위적으로 열을 가해서 만든 비금속 무기 재료라는 말이다. 한자로는 흔히 요업(窯業) 또는 요업제품이라고 표현한다. 이때, 요(窯)라는 한자는 구멍 혈(穴) 속에 양 양(羊)이 불 화(火)에 구워지고 있는 모습을 형상화한 것으로서 불을 때는 가마라는 뜻을 지닌 한자와 비슷한 의미를 갖고 있다.

세라믹스는 크게 전통적 세라믹(classic ceramics)과 파인세라믹(fine ceramics)으로 구분할 수 있는데, 전통적 세라믹스는 도자기, 유리, 내화물, 시멘트 등 주로 규산염을 주체로 하는 재료이고, 파인세라믹스는 제2차 세계대전 후 급진전한 공업의 발달에 따라 일어난 여러 가지 새로운 특성을 갖는 재료로서 전통적 세라믹보다 뛰어난 내구성, 기계적 성질, 특수한 전기적 특성 및 화학적 내구성을 갖는 세라믹스를 말한다. 세라믹스의 역사는 전통적 세라믹스의 역사와 근간을 같이한다고 볼 수 있다.

세라믹과 세라믹스는 분명한 차이가 있다. 세라믹은 일종의 도자기와 같은 것이며(세라믹이 도자기란 뜻), 도자기는 진흙을 불에 구운 것이다.

그러나 세라믹스는 비금속 무기물질(nonmetallic inorganic substances)로서 주로 금속원소와 비금속 원소 간 또는 비금속원소들 간에 강한 화학결합으로서 이루어진 화합물이다. 세라믹스는 금속이나 고분자재료에 비해 화학적으로 안정해 산화나 부식이 되지 않고 고온에서도 잘 견뎌내는 특성을 가지고 있어서 예로부터 일상생활에서 뿐만 아니라 공업기술부문에서도 긴요하게 사용돼 왔다. 그러나 일상생활에서도 알 수 있듯이 세라믹스는 기계적인 충격이나 갑작스러운 온도변화에 깨지기 쉬운 메짐(脆性, brittleness)이라는 단점 때문에 용도에 있어 많은 제한을 받아 왔다.

파인세라믹스는 도자기제품으로 대표되는 기존의 전통 세라믹스(traditional ceramics)가 가지는 단점을 상당부분 극복하고 있으며 전자산업에서 요구되고 있는 특수한 전기 · 자기 · 광학적 성질도 갖고 있다. 그래서 요즘에는 우리가 보고(광학세

라믹스: ITO 투명 전도막, 기능성 유리 등), 듣고 말하고(압전세라믹스: 스피커, 마이크로폰), 느끼는(센서세라믹스) 등 오감을 이용할 수 있는 대부분의 것이 바로 이런 파인세라믹스로 만들어지게 됐다.

전시관 관람 마지막 부분에는 경영에 관한 내용을 정리해 두었다. 그는 또 "기업가는 종업원들의 행복 추구와 인류사회의 발전에 기여해야 한다"는 이념을 제시했다. 그가 자신의 좌우명과 교세라의 사시를 경천애인(敬天愛人)으로 정한 것도 이와 무관치 않다.

관람이 끝나고 출구 쪽에 여러 사람이 모여 있다. 유명한 교세라 칼을 판매하고 있었다. 몇 년 전 지인이 부탁해서 한 번 구입해 준 적이 있다. 교세라 세라믹 칼의 인기는 여전한 듯하다. 교세라(京セラ) 칼은 종류가 상당히 많다. 그리고 웬만한 쇼핑센터의 주방용품 코너에 가면 구입할 수가 있다. 교세라 칼에는 종류를 불문하고 칼 등 쪽에 KYOCERA라고 적혀 있다.

이나모리 가즈오 교세라 명예회장은 『아메바 경영』 저자로도 유명하다. 끝없이 분열하는 아메바처럼 거대한 기업을 독립채산이 가능한 조직으로 계속 나누어 사원들 전원 참가가 가능하도록 한 경영이다. 교세라에는 현재 이러한 아메바 조직이 3,000개가 넘으며, 지금도 세포분열에 의한 증식을 거듭하고 있다. 일본에는 이나모리 회장의 아메바 경영방식을 채택한 회사가 300개 이상이며, 세계적인 유수기업들도 유사한 방식을 채택하고 있다.

일흔여덟 살이던 2010년, 이나모리 가즈오 회장은 일본정부의 요청으로 경영난을 겪던 국적항공사 JAL 회장에 무보수로 취임해서 회사를 1년 만에 역대 최대 규모의 흑자로 돌아서게 한 후 자리에서 물러났다. 과연 '경영의 신'이라 할 만하다.

그는 "일본항공이 그대로 도산한다면 일본경제도 큰 영향을 받을 것 같아 받아들였다. 일본산업의 상징이기도 하고, 직원 수만 명의 일자리와 관련된 일이기도 하니까. 나도 늙었고 1주일에 3일만 시간을 낼 수 있으니 월급은 필요 없다"라고 했다.

이나모리 가즈오 회장은 사소한 것, 작고 지저분한 일도 그 일에 혼을 불어넣고 가치 있는 일로 만드는 것이 경영자의 책무라고 생각하고, 평생 최선을 다해 실천해 왔다. 이러한 교훈이야말로 풍족한 시대에 사는 우리에게 가르쳐주는 삶의 큰 지침이라고 생각한다.

그는 평생 '인간은 세상을 위해, 사람을 위해, 뭔가 공헌하기 위해 존재한다'라고 생각하고, 경영자로서뿐만 아니라 인간으로서도 매사에 아주 진지하게 살아왔다. 그가 창업하면서 내세운 경영철학은 아주 단순명쾌하다. '전 사원의 물심양면에 걸친 행복을 추구할 것, 인류사회의 진보 발전에 공헌할 것, 조직의 리더인 경영자는 자신을 버리고 이타적인 생각으로 조직을 운영할 것'이다.

다른 사람을 돕는 일을 불교에서는 '이타(利他)'라고 한다. 경영자는 반드시 이타의 마음을 가지고 있어야 한다고 강조하는 이나모리 가즈오 회장은 경영의 최대 목표인 이익 추구의 정반대 편에 있는 '이타의 마음'이 바탕이 되지 않으면 결코 순조롭게 경영할 수가 없다고 강조하며 1%를 위한 제도로 지탄받는 자본주의가 앞으로 나아가야 할 길을 제시한다.

이나모리 가즈오 회장은 씨 없는 수박을 개발한 우장춘 박사의 사위이기도 하고, 우리나라가 자랑하는 축구선수 박지성이 잠시 활약하던 교토 퍼플상가의 구단주였기에 더 친근감이 간다. 아인트호벤으로 옮기기 전 박지성이 자신의 진로를 고민하고 있을 때, 이나모리 가즈오 회장은 직접 박지성 선수를 만나 간곡하게 잔류해 줄 것을 요청했다. 그리고 마침내 박지성이 아인트호벤 행을 결정하고 나자, 이나모리 회장은 환송회에 참석해 "박지성 군, 언제든 돌아온다면 환영하겠습니다"라고 말하며 아쉬워했다고 한다.

이나모리 회장은 CEO가 가져야 할 경영원칙으로 '열정(PASSION)'을 제시했다. 열정이 결국 잠재력 발휘를 가능하게 한다는 경험에서다. 여기서 열정은 또 7가지 머리글자로 나뉜다. 이익(P), 야망(A), 진실(S), 용기(S), 혁신(I), 낙관(O), 인내(N) 등이다.

판매극대, 비용극소화로 이익을 실현하고, 잠재력이 발휘될 만큼 야망을 가져야 한다. 상대방을 배려해야 둘 다 승리하며 비겁한 태도는 절대금물이다. 밝은 내일을 위해서는 창의력을 지니고 희망과 꿈을 가질 것을 권한다. 무엇보다 꾸준히 일하는 게 교세라 경영철학의 요지다.

7개 머리글자의 우선순위는 없겠지만 개인적으로 이익을 제일 앞세운 게 다소 아쉬움이 묻어난다. 그보다 인내, 혁신을 앞으로 내세울 수 있으면 좋을 듯하다.

이 내용은 『교세라 철학(Philosophy)』이라는 책으로 출판되었다. 이나모리 경영철학의 전도사로 알려진 이토 겐스케(伊藤謙介) 교세라 회장이 사장시절 공들여 만들었다. 그는 "교세라 철학이 희박해질 때 회사의 운명은 다한다"고 거침없이 말한다. 이나모리 회장 자신도 사후를 걱정해 평소 임직원에게 '이나모리즘의 철저한 전승'을 유언처럼 강조했다. 이를 위해 '이나모리식 12대 경영항목'을 선정, 전 직원에게 교육하고 있다.

이토 회장은 기업의 안정과 혁신의 양립을 '팽이이론'으로 설명한다. 구심력과 원심력을 적절히 섞어 시대변화에 대응하자는 논리다. 팽이를 계속 돌게 하려면 원심력(다각화·혁신)이 필요하며, 쓰러뜨리려는 외부환경 변화는 구심력(교세라 철학 계승)으로 제어하자는 뜻이다. 이는 목표와 비전의 명확한 좌표축을 선정한 후 다각화를 통해 '선택과 확대'를 추진해 왔던 교세라의 성장사와 맥을 같이한다.

교세라는 사실 다각화 경영으로 성장을 반복해 왔다. 수많은 기술과 관련 제품의 진열이 다각화 경영의 단면으로 묻어난다. 일각에서는 인수·합병(M&A)이라는 변칙적 방법으로 돈을 벌었다고 비난하지만 "도의에 따라 회사를 떠맡았을 뿐 결코 사냥꾼처럼 행동하지 않았다"는 이나모리 회장의 말처럼 무리수는 거의 목격되지 않는다.

실제로 적자기업을 M&A해 흑자로 바꾼 뒤 자사 사업부문과의 상승효과를 유도했다는 평가가 지배적이다. 하나같이 앞날이 불확실한 부실기업이었지만 교세라 경영철학의 접목을 통해 튼실한 기업으로 변신시켰다. 가령 M&A 후 인원삭감 없는 고용보장을 통해 조직원의 역량 발휘를 이끌어냈다. 반면 '적자는 죄악', '가격결정이 경영'이라는 교세라식 경영방침으로 흑자를 만드는 데 집중했다. 이때 등장하는 단어가 바로 '아메바 경영'이다.

박물관에는 교세라의 경영철학과 해외에서 어떻게 사업을 하고 있는지 글로벌현황이 표어와 포스터로 깔끔하게 정리되어 있다. 다양한 기술을 시대별로 분류하여 벽에 모자이크조각처럼 정교하게 정리되어 있다. 하지만 너무 기술관련 제품이 나열되어 있어 창업자나 경영자의 소개는 가벼워 보였다. 아메바 경영이라는 나름대로의 경영철학을 제시하며 위대한 경영자가 설립한 기업의 기념관치고는 경영철학을 다소 가볍게 다룬 게 아닐까.

호텔에서 교세라는 택시로 이동하였지만 돌아올 때는 전철을 이용했다. 도쿄의 전철을 타고 다니던 터라 교토의 2호선 정도로 이루어진 전철은 너무 쉬워 보였다.

(백과사전) 아메바 경영

아메바 경영은 교세라의 성장신화를 논할 때 양념처럼 등장하는 말이다. 핵심경쟁력이자 교세라 경영철학의 전부라는 연구보고서도 많다. 이타와 공생을 실현하는 행동부대로 사훈인 '경천애인'을 완성하는 조직체계다. 1999년 사장으로 취임한 니시구치 야스오(西口泰夫) 교세라 사장은 "당사는 끊임없이 새로운 것에 도전한 결과 항상 성장할 수 있었다"며 "그 DNA(유전자)를 계승해 나가는 게 나의 임무"라고 밝혔다. 여기서 DNA는 바로 이나모리즘을 현실에 적용하는 '아메바' 조직을 뜻한다. '아메바 경영'은 많은 대학에서 창조형 기업의 대표사례로 연구되고 있다.

아메바는 단세포동물이다. 암수가 섞이지 않은 채 혼자서 무성생식을 하기 때문이다. 모세포와 세포분열 결과 낳은 딸세포의 염색체도 유전적으로 똑같다. 손오공이 털을 뽑아 한 번 불면 수백 마리가 복제되는 것과 같은 이치다. 또한 연체동물처럼 필요에 따라 분리 · 합체된다. 기업의 성장(Fat)은 불가피하게 유연성(Flexibility)과 신속성(Fastness)을 저하시킨다. 이른바 '3F의 딜레마'다. 이나모리 명예회장은 이 열쇠를 아메바에게서 찾았다. 제아무리 거대기업이라도 아메바처럼만 움직인다면 3F의 달성이 가능하다고 판단했다. 교세라의 실험은 성공했다. 큰 덩치에 걸맞지 않은 유연 · 신속한 조직시스템인 '아메바 경영'은 일본이 낳은 가장 유명한 경영이론으로 평가받는다.

아메바 경영은 소집단 · 부문채산제로 요약된다. 말단조직의 신축성을 최대한 보장하자는 취지다. 구성원 개개인의 강력한 열정을 살리기 위해 조직형태는 비정형적이다. 아메바 조직의 인원수는 3~4명에서 많게는 40~50명에 이른다. 평균 7~8명이다.

"시점 · 상황에 따라 최적의 조직으로 분할 · 통합돼야 제 기능을 발휘한다"는 이나모리 회장의 분석처럼 교세라의 아메바 조직은 수시로 세포분열을 한다. 조직을 둘러싼 고정 · 파괴가 일상적인 셈이다.

아메바 경영은 지금도 진화를 거듭한다. 제조업 외에 유통 · 서비스업체 등에 벤치마킹돼 급속도로 확산 중이다. 업태와 규모를 넘는 인기절정의 기업모델로도 자주 소개된다. 어떤 환경변화에도 대처가 가능하도록 자율적으로 이익을 추구하는 점 때문이다. 물론 업종 · 시대 · 규모에 따라 수정 적용되지만 교세라의 보편적인 경영철학은 변함이 없다. 현재 아메바 경영을 도입한 회사는 300개사가 넘는다.

닌텐도

화투를 처음 만든 창업자

신궁환태정에서 20분간 걸어서 지하철을 타고 6번째 역인 십조(十條)에 내렸다. 닌텐도(Nintendo)의 일본식 한자인 '임천당(任天堂)'은 최선을 다하고 하늘의 뜻에 따른다는 의미이다. 건물은 네모 형식으로 단순하면서 소박한 느낌이라 다소 실망스러웠다. 명성에 비해 본사 건물이 너무 작고 특징이 없었다. 그래서 이름을 생각해 보니, 그 소박한 사각형의 건물이 마치 이 땅에서 최선을 다한 사람들이 하늘에 뜻을 묻는 제단처럼 생겼다는 생각이 문득 들었다. 이것은 나의 상상 속 이야기이다.

교토역에서 두 역만 전철로 이동하면 주조(Jujo)역에 내린다. 걸어선 10분 정도면 닌텐도에 도착할 수 있다. 닌텐도는 여러 차례 이메일을 보냈지만 특별히 기업의 창업과정이나 창업자에 관한 역사관 같은 것이 없다. 하지만 정문에 들러 기념사진을 찍고 발길을 돌렸다. 일요

일이라 조용하지만 직원들 몇 명이 점심식사를 하려고 밖으로 나오고 있었다.

닌텐도(任天堂)는 세계 최대의 비디오게임 제조회사로 일본의 교토시에 본사가 있다. 닌텐도는 현재 소니컴퓨터엔터테인먼트, 세가(Sega)와 더불어 일본을 대표하는 비디오게임기 및 비디오게임 제작업체이다.

원래 닌텐도는 화투나 트럼프를 만들던 교토(京都)의 전통기업이었다. 120년 전 야마우치 후사지로는 화투를 처음 만들었고 게임기의 대명사인 닌텐도를 창업한 사람이다. 야마우치 후사지로는 화가 겸 장인이었다. 호방한 성격에 손재주 좋기로 유명했던 그는 화투를 제작・판매하기 위해 1889년에 닌텐도 곳파이라는 회사를 창업했다.

닌텐도 화투 중 '대통령'이라는 제품은 교토와 오사카의 닌텐도 직영 상점에서 판매되었고 교토지방에서 최고의 인기를 누렸다. 화투가 가족용 오락거리였을 당시만 해도 닌텐도의 사업은 소규모였지만 도박에 사용되기 시작하면서 폭발적으로 성장했다.

(백과사전) 혼노사

"까마귀 날자
눈에 내린 눈송이
사라진 혼노사"

박정희 의장이 정권을 잡은 후 국빈방문으로 일본에 갔을 때 유력 경제인들을 만나게 되었다. 그때 일본 경제인단체 회장이 박 의장에게 우리 일본에는 3명의 영웅이 있는데 아시느냐고 물었다. 그러면서 일본에 전해 오는 우화를 전하는데, '두견새야 울어라, 울지 않으면 죽여 버린다. 두견새야 울어라 울 때까지 울게 만든다. 두견새야 울어라 울 때까지 기다린다'를 이야기하면서, 오다 노부나가, 도요토미 히데요시, 도쿠가와 이에야스와 관련이 있다고 했다. 그러면서 의미심장하게 박 의장에게 어느 쪽에 마음이 가시느냐고 물었다.

박 의장은 심사숙고 끝에 한국의 현실이 두견새를 울게 만들고, 울도록 기다리게 하기에는 너무 급박하다고 이야기했다. 아마도 그는 본인이 오다 노부나가처럼 기존 질서를 무너뜨리고 새로운 체제를 만들기를 원했던 듯하다.

우리는 천재적 전략가요, 기존 질서를 무너뜨린 무서운 독재자요, 새로운 일본을 만들기 위한 토대를 건설한 오다 노부나가가 최후를 맞이한 장소로 간다.

문제는 '혼노사의 변'이라는 그곳 절이 이미 불에 타버려 실제 그 당시의 모습은 찾아볼 수 없다고 한다. 그래도 새로 조성된 절이라도 찾아가야 하는데 그 위치를 알지 못했다. 어제 물어볼 걸 하는 후회가 들었지만 무료 봉사를 하는 가이드에게 폐를 끼치고 싶지 않아 스스로 알아보기로 했다. 누구에게 물어보나, 주위를 둘러보니 편의

점 로손이 보이기에 무작정 들려 혼노지(本能寺)의 위치를 물어보았다.
그곳에서 평범하면서도 인상 좋은 미호(美保) 아주머니를 만나게 되었다. 그분이 혼노지 위치를 안다면서 반갑게 한국말로 인사를 하는 게 아닌가(이분이 한류의 물결을 만든 일본 아주머니의 모델인가). "혼노지 알아요. 오다 노부나가와 관련된 절이지요" 라며 친절하게 지도에서 그 위치를 알려주었다. 지도에서 위치를 한국말로 하면서 "우리가 있는 위치가 …, 아니 손님이가 …"라고 부끄러운 웃음을 지었다. 알고 보니 우리가 묵고 있는 숙소와 가까이 있는 게 아닌가(등잔 밑이 어둡다고 하더니).
일본의 세 명의 영웅은 공교롭게도 한 시대에 같이 공존하고 있었다. 두견새의 일화처럼 그 성격이 급한 순서대로 유명을 달리했다. 오다 노부나가는 사십대, 도요토미 히데요시는 육십대, 최후의 승리자인 도쿠가와 이에야스는 칠십대에 죽었다. 인내의 화신, 도쿠가와 이에야스가 임종을 맞으면서 '일생에서 가장 무서운 적수가 누구인가에 대해 오다 노부나가'를 지목할 정도로 오다 노부나가의 전략과 전술은 시대를 뛰어 넘는다.
오다 노부나가는 뛰어난 기마전술이 전쟁의 승패를 결정하는 전국시대에 화승총인 조총을 활용한 전술을 전격적으로 도입하여 막강한 라이벌들을 하나하나 정복해 갔다. 조총의 단점인 재장전에 필요한 시간을 확보하기 위해 수천 명의 조총부대를 창설하여 맨 앞줄의 부대가 발사를 하고 뒷줄로 물러나면 그 다음 부대가 발사하는 일종의 연속발사 체제를 구축했던 것이다.
이러한 전략으로 그 당시 가장 강력한 세력을 지니고 있던 신겐의 기마부대를 괴멸시켜 버렸다. 이러한 내용은 후지사와 감독의 영화 '카게무샤'에서 살펴볼 수 있다. 기존 시스템에서 벗어난 획기적인 전략 · 전술로 무장한 오다 노부나가가 천하통일을 목표로 천황이 있는 곳으로 진격하면서 '일자전략'을 실천하게 된다. 진격 노선에 있는 적들에게 항복을 권하고 응하지 않으면 격파해 버리면서도 노선에서 벗어나 있는 상대와는 철저한 동맹관계를 맺었던 것이다.
그 당시의 혼노지는 오다 노부나가가 부하의 배신으로 부인과 자식을 죽이고 할복을 하면서 불타 버렸다. 새로 만든 혼노지의 법당 앞에는 기다란 밧줄이 매달려 있어 방문객들이 소원

을 빌면서 흔들면 종소리를 낸다. 우리는 노부나가의 흔적을 찾기 위해 이리저리 둘러보았다. 우리의 모습으로 우리가 뭘 원하는지를 안 법당 안에서 나오던 아주머니께서 손가락으로 법당 뒤를 가리키면서 '오다 노부나가'라고 말해 주었다. 그곳으로 가보니 오다 노부나가의 비석이 있었다. 그곳에는 분명히 '信長'이라고 적혀져 있었다. 일부 방문객이 그 비석 앞에서 절을 했다.

세 명의 영웅 중에서 가장 사무라이답게, 일본의 국화 벚꽃이 지듯 스러진 인물은 아마도 오다 노부나가일 것이다. 그가 남긴 것은 무사로의 명성뿐 그 외에는 아무것도 남아 있지 않았다. 그는 매일 새벽 말을 타고 달리면서 전략을 짜고 돌아오면서 결단을 내렸다고 한다. 새벽에 일어나기 때문에 차가운 날씨에 신발이 차가운데 그때 노부나가의 시종으로 있던 도요토미 히데요시가 그의 주군 신발을 품에 안아 따뜻하게 했다는 일화가 전해진다.

별실에서는 오다 노부나가와 관련된 자료집을 전시하고 있었다. 입구에 들어서자 천하포무(天下布武)라는 글자가 새겨진 액자가 걸려 있다. "하늘 아래 무를 펼친다(天の下, 武を布く)"로 읽힌다. 무력을 통해 천하를 취한다는 의미로 해석된다.

1907년 닌텐도는 일본에서 인기를 얻고 있던 서양식 카드, 닌텐도 카루타를 대량생산하는 일본최초의 기업이 되었다. 하지만 그에게는 아들이 없었다. 닌텐도를 자신의 가족 회사로 유지시키려면 일본의 전통관습에 따라 데릴사위를 들여야 했다. 그의 딸은 가네다 세키료라는 과묵하고 학구적인 대학생과 결혼했다. 가네다는 관습에 따라 자신의 성을 야마우치로 변경했고 1929년 야마우치 세키료라는 이름으로 닌텐도의 제2대 회장에 취임했다. 이어 1949년 가업을 계승한 제3대 회장 야마우치 히로시가 새로운 장난감 개발로 눈을 돌리면서 닌텐도는 마침내 오늘날의 게임기 업체로 변신하는 기반을 다졌다.

닌텐도는 1985년 선보인 게임기 패미콤(Famicom)과 1990년에 선보인 슈퍼패미콤(Super Famicom)을 통해 10년 가까이 전 세계 게임 시장을 지배했으며, 닌텐도에서 제작한 슈퍼마리오브라더스는 비디오게임의 상징물로 부상될 만큼 높은 인기를 누렸다.

닌텐도는 1994년 소니의 플레이스테이션(Playstation)이 등장하면서 잠시 위기를 맞이했으나, 포켓몬(Pokemon)이라는 원소스 멀티유저 상품을 통해 새로운 수익원을 확보하고, 휴대용 게임기 게임보이 시리즈를 성공시켜 일시적 위기를 극복했다.

2002년에는 차세대 게임기 게임큐브(Gamecube)를 선보였으며, 오늘날에는 소니, 마이크로소프트와 더불어 비디오게임 업계의 3강 구도를 형성하고 있다.

닌텐도가 교토에 자리 잡은 점은 독특한 문화와 조직을 보존하는 데 한몫 했다. 최근 평생직장이라는 개념이 유명무실해지면서 더 나은 조건을 제시하는 기업으로 옮기려는 경향이 강해졌다. 특히 게임 업체나 IT산업은 더 심했다.

하지만 교토는 현재의 수도인 도쿄에서 400km나 떨어져 있고 교토의 닌텐도에 근무하던 사람이 수백 km나 떨어진 도쿄로 이직한다는 것은 쉬운 일이 아니다. 그 반대의 경우도 마찬가지다. 이런 지리적 특성으로 닌텐도만의 개발자 중심 문화와 독립적인 조직문화가 형성되었다.

닌텐도는 후계자 문제를 3대까지 데릴사위로 해결해 오면서 상속자를 내세워 혁신적인 기업을 발전해 왔다. 최근에는 전문경영인을 등용해 게임산업 역사를 바꾸는 혁신적인 제품을 선보였다. 세상은 여러 번 닌텐도의 제품에 주목했다. 앞으로 어떤 제품으로 세상을 놀라게 할지 기대하면서 발길을 돌렸다.

(백과사전) 할복

할복은 10세기 이후 사무라이들이 자살 방법으로 이용했고 17세기 이후에는 무사의 명예를 존중한 사형제도로서 형식을 갖추게 되었다. 할복할 때 무사는 그들의 복부를 깊게 가르며, 보조자가 뒤에서 무사의 머리를 베어준다. 전쟁이 끝난 이후 수장 역시 패배를 인정하는 의미에서 할복을 시행했다.

영화 '라스트 사무라이'에서 외국인에게 잔인하게 비쳤던 적장의 할복이 명예를 지켜주기 위한 것으로 묘사되고 있다. 니토베 이나조는 『무사도』에서 할복의 이유를 '복부에 인간의 영혼과 애정이 깃들어 있다는 고대의 해부학적인 신앙에서 용사의 배를 갈라 무사도를 지키는 자결방법으로 적절히 여겨졌다'고 기술하고 있다.

할복제도는 1873년에 공식적으로 폐지되긴 했지만 군인과 우익 인사 사이에서 할복자살은 계속되었다. 메이지 천황의 죽음에 노기 마레스케 육군대장의 자결과 1945년 8월 25일 도쿄 요요기 연병장에서 14인의 할복, 1970년 우익작가 미시마 유키오가 육상 자위대에서 연설 후 할복자살한 사건 등이 있다. 할복은 제도적으로는 없어졌지만 명예로운 자살이라는 생각은 아직도 남아 있는 셈이다.

일본전산

100.6m 높이의 본사 빌딩

점심을 먹고 일본전산으로 가기 위해 택시를 탔다. 택시를 타고 일본전산의 정문에 도착했더니, 문이 닫혀 있었다. 일요일이라 문이 닫힌 모양인데, 우리를 태워 주신 택시 할아버지가 안타까운 표정으로 '할리데이'라고 영어로 다급하게 말씀하신다. 마치 대책 없는 손자들을 걱정하는 할아버지의 표정으로 말이다.

일본전산은 100년을 가는 기업을 만들겠다는 일념으로 건물 높이를 100m로 만들었다고 한다. 100년 이상 살아남는 초일류기업, 장수기업의 열망이 묻어난다. 정확하게는 100.6m라고 한다. 일본 반도가 매년 조금씩 가라앉고 있어 백년 후에는 정확하게 100m 높이의 건물이 된다.

주변은 논밭이 펼쳐진 전형적인 일본 시골마을의 모습이다. 본사 건물이 사막의 피라미드처럼, 드넓은 초원에 홀로 외로이 우뚝 서 있는 기린의 모습이다.

중국의 어느 선사는 경쟁관계에 있던 선사의 많은 제자를 부러워하기보다 자신의 문하에 있던 한 명의 우수한 제자를 보고 '그래, 기린 하나만으로 충분하지'라며 흐뭇해했다. 선생으로서 공감이 가고 부러운 일이다.

일본전산은 1973년 세 평짜리 시골 창고에서 단 네 명이 시작한 기업이다. 하지만 불과 30년 만에 계열사 140개, 직원 13만 명을 거느린 매출 8조 원의 막강 기업으로 성장하였다. 과연 무엇이 그들을 그토록 강하게 단련시켰을까? 중소기업에게 주는 시사점이 적지 않다. 지방의 영세업체 신분으로 대기업을 이길 수 있었던 비결, 적자에 허덕이던 경쟁업체 30여 개를 인수합병해 1년 내 흑자로 재건시킨 뚝심 경영, 별난 입사시험으로 삼류 인재를 드용해 세계 초일류 기업과의 경쟁에서 승리하게 한 인재전략이 궁금하다.

일본전산의 나가모리 시게노부 사장의 경영철학에 그 비결이 있다. '시도하지 않는 것보다 중간에 흐지부지 그만두는 것이 더 좋지 않다, 신입사원은 살벌한 실전에 배치시켜라, 지적인 하드워킹을 하라, 실력이 없으면 남보다 두 배로 일하라, 끝까지 포기하지 않는 것이 부전승이다' 등 그는 파격적인 경영철학을 내세웠다.

백과사전 철학의 길

일본의 유명한 철학자이자 대학교수인 니시다 기타로(西田幾多郎, 1870 ~ 1945)가 매일 거닐며 사색에 잠겼던 산책로라 하여 철학의 길이라 불린다. 1.6km에 달하는 평화로운 산책로를 따라 거닐다보면 소박하지만 감각 있는 카페와 가게, 세월의 흐름을 고스란히 간직한 집들도 만나게 된다. 교토에서 가장 벚꽃 구경하기 좋은 곳답게 봄이면 그 아름다움이 절정에 달한다.

니시다 기타로는 당시의 교토제국대학 철학과 교수이자 『선의 연구』 등을 저술한 일본최고의 철학자로 칸트, 헤겔 등의 서양철학을 흡수하여 일본의 동양적인 불교 및 유교사상에 결합시켜 새로운 일본철학의 이론적 틀을 확립한 것으로 유명하다. 이것을 '니시다철학'이라 하며, 니시다와 그의 학문을 계승한 문하생들의 학풍을 일컬어 '교토학파(Kyoto School)'라 부르는데 최근 들어 이에 대한 서양학자들의 연구도 활발하게 펼쳐지고 있다고 한다.

일명 슨신(寸心: 니시다 교수의 호) 거사로 많이 알려지기도 했던 니시다 기타로가 즐겨 사색을 하며 산책하던 곳이란 것에서 연유하여 이 한적한 개울을 끼고 걸어가는 산책로는 언제부턴가 '사색의 작은 길(思索の小徑)' 혹은 '철학자의 길(哲學者の道)'이

라 불리다가 1968년(昭和23년)에 이 길이 새롭게 정비를 하면서부터 '철학의 길(哲學の道)'이란 이름이 정식으로 붙여지게 되었다고 한다.
'철학의 길'은 긴가쿠지(銀閣寺)로 들어가는 작은 둑길인데 교토대와 연결된 이 길이야말로 교토대가 노벨상 수상자를 다섯 명이나 낳은 비결이란 말이 돌면서 이 길은 젊은이들에게
꿈을 주는 길이 되기도 했다. 이 길에서 교토 거리의 예술가들이나 아기자기한 찻집 등을 만날 수 있다.
긴카쿠지(銀閣寺) 입구를 지나 호우넨인(法然寺)을 지날 쯤의 철학의 길엔 니시다 기타로의 시비가 서 있다. 그가 즐겨 지었다는 와카(和歌: 시조와 같은 일본 전통시의 한 장르)의 구절이 아래와 같이 적혀져 있다.

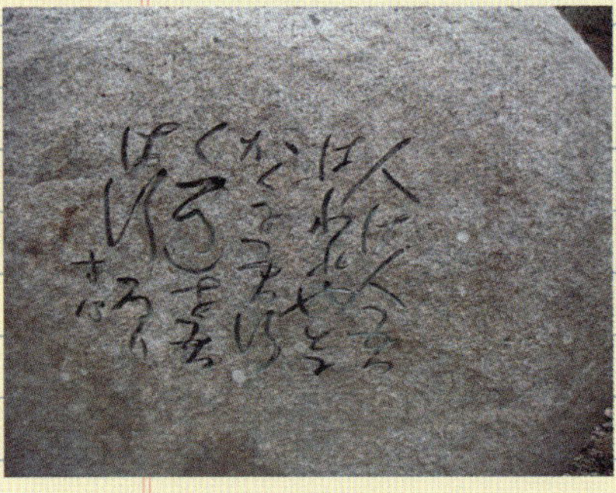

사람은 사람 (人は人)
나는 나이어라 (吾は吾也)
어찌 되었든 (とにかくに)
내가 가는 길을 (吾が行く道を)
나는 갈 뿐이니라(吾は行くなり).

일본전산 본사 앞에서 생각에 잠겨본다. 성공 스토리를 엮은 책 『일본전산이야기』는 한국에서 수십만 부가 팔렸고, 삼성경제연구소는 'CEO들이 여름휴가 때 읽을 책 20권' 중 하나로 꼽았다. 한국의 어느 사장은 『일본전산이야기』를 읽고 신입사원 중 40%를 지방대 출신으로 뽑았다고 한다. '어설픈 정신상태의 일류보다 열정을 지닌 삼류가 낫다'는 이 책의 구절이 그의 마음을 움직였다.

성공한 기업이 그렇듯 일본전산에 대한 재미있는 일화도 많다. 특히 나가모리 사장의 독특한 입사시험도 얘기가 많다. 입사 지원자들에게 도시락을 나누어 준다. 그리고 가장 빨리 먹은 사람 순서대로 서른세 명을 무조건 합격시켰다. 커트라인은 15분이었다. 이것이 1978년 시행된 '밥 빨리 먹기 시험'이다. 떨어진 사람들은 "무슨 이런 시험이 있느냐"고 아우성쳤고, 지역 언론은 '한심한 회사'라고 보도했다. 하지만 그는 개의치 않고 그 뒤에도 큰 소리로 말하기 시험, 화장실 청소 시험, 오래달리기 시험과 같은, 일본전산 스타일의 시험을 고집했다.

日本電産 永守重信 書

"저도 원래는 도쿄대나 교토대 출신의 머리 좋은 사람을 뽑고 싶었습니다. 하지만 중소기업엔 그런 인재가 좀처럼 오지 않습니다. 밥 빨리 먹기 시험은, 명문대 출신은 아니지만 잠재능력이 큰 사람을 뽑기 위한 고육지책이었습니다." 그러나 그는 "밥 빨리 먹기 시험이야말로 어느 입사시험보다도 효과 만점이었다"고 덧붙였다.

어쨌든 이러한 톡톡 튀는 경영방식으로 1973년 가정집 한 귀퉁이 창고에서 시작한 전기 모터 회사를 가장 성공적인 기업으로 변모시켰다. 일본판 벤처 신화다. 게다가 국내외 27개 회사를 인수합병(M&A)한 뒤 모두 경영을 정상화시켜 '기업 재생의 신(神)'으로 불린다.

전철로 이동하는 중에 식당에 들러 점심을 먹었다. 일본식 컨베이어 형태로 운영되는 식당인데 가격도 저렴하고 맛도 훌륭했다. 40여 분 걸어서 JR 기차역에 도착했다.

(백과사전) 료칸

"지도 위 여정
게이샤도 사케도
한낱 꿈이네"

교토 이온거리에서 일본 전통 건물을 볼 수 있는 거리를 찾아 나섰다. 거리에서는 기모노 차림의 여인들을 볼 수 있었다. 1930년대 일본을 여행한 그리스의 대문호, 나잔차키스는 료칸에 머물면서 저술한 『중국 · 일본기행』에서 일본문화에 대한 감회를 기술하고 있다.

"일본의 큰 매력 중 하나가 상상할 수 없을 정도의 청결함이다. 마루, 벽, 문 등 모든 것들이 반짝반짝 빛난다. 내가 묶게 될 다다미가 깔린 방에는 작은 탁자가 가운데에 놓여 있으며, 꽃 세 송이가 꽂힌 꽃병과 상석들이 있고, 꽃이 피는 것을 그린 그림 한 점이 벽에 걸려 있다. 방의 깨끗한 분위기에 내 가슴이 행복으로 넘친다. 책상다리를 하고 방석 위에 앉는다. 벽을 대신하는 병풍을 걷어내니 거리가 내려다보인다. 여관 사람이 찻주전자와 작은 접시에 깨끗이 손질한 호두를 내온다. 나는 차를 홀짝홀짝 마신다. 호두를 씹는다. 행복하다. 통통한 하녀가 보라색 기모노와 진홍색 나막신을 가져다주면서 고개를 숙이고 나에게 말한다. 후로, 목욕하세요!"

료칸은 일본인의 전통적 습관과 생활양식을 경험할 수 있는 숙박시설로, 일본 료칸협회(JRA)에 2,000개가 넘은 고급 료칸이 가입해 있다. 료칸은 일본식 전통여관이다. 모든 크기가 있고, 일본 전국에서 찾을 수 있다. 가격은 다른 숙박시설에 비해 비싼 편이지만, 전통적인 일본의 분위기를 경험할 수 있는 좋은 기회이므로 일본 여행을 오는 사람에게 한 번쯤은 료칸에서의 숙박을 추천할 만하다.

료칸의 일반적인 요금은 하룻밤에 1인당 6,000~20,000엔 사이로 다양하지만, 추가적인 서비스를 제공하지 않는 시설은 방을 더 싸게 제공한다. 손님들은 다다미 바닥과 낮은 테이블이 있는 일본식 방에서 묵게 된다. 보통 신발은 슬리퍼가 준비되어 있는 료칸의 현관에서 벗고, 다다미방에서 슬리퍼는 따로 사용하지 않는다. 싼 료칸의 경우를 제외하고, 저녁식사와 아침 식사는 하룻밤 숙박에 포함되어 있다. 더 좋은 료칸에서는 공동식당에서 식사를 하는 대신에 객실에서 따로 식사를 한다. 식사는 일반적으로 전통일식이며, 메뉴는 종종 지방 고유의 특성에 따라 다르다.

유카타(일본식 옷)는 료칸에서 묵는 동안 입을 수 있도록 제공된다. 유카타를 입고 료칸 주변을 산책할 수 있고, 파자마로도 이용할 수 있다. 많은 온천 리조트에서는 유카타를 입고 료칸의 밖을 산책하는 것도 괜찮다. 하지만 여관에서 제공하는 유카타와 달리, 서양식 호텔에서 제공하는 유카타는 방 밖에서는 입는 것은 피하는 게 좋다.

숙박 기간 동안, 보통 모든 료칸에서는 일본식 목욕을 즐기는 기회가 있다. 대다수의 료칸은 남녀가 구분되어 있는 공동 욕탕이 있지만, 많은 경우에는 개인(입욕)방식을 기본(입욕시간 예약)으로 사용할 수도 있다. 온천 리조트에서는 여관의 목욕물은 온천에서 직접 공급된다.

마지막으로 료칸 손님은 잘 때, 일본의 전통적인 스타일인 이불(후통)을 다다미 바닥에 펴서 사용한다. 스스로 해야 하는 싼 료칸을 제외하고, 료칸의 직원이 보통 자기 전에 미리 이불을 준비해 준다. 낮에 이불은 장롱 안에 넣어 두는 게 좋다.

파나소닉

경영의 신, 마쓰시타 고노스케

알람시계가 잘못되어 새벽 5시에 울렸다.

겨우 일어나서 알람을 정지시키고 다시 자리에 누웠으나 다시 울리는 게 아닌가. 다시 알람시계의 정지버튼을 누르고 잠을 청했더니 또 다시 울리기 시작했다. 아이고, 이게 무슨 일이람. 그래 일찍 일어나지 뭐. 교토에서 오사카로 JR 열차로 이동했다. 교토에서 오사카까지는 28분 정도 걸린다.

아침에 서둘러 나선 덕에 10시가 되기 전에 호텔에 도착했다. 호텔에서 제공하는 열차노선에는 파나소닉 근처 철도역 이름이 나오지 않는다. 우리는 일단 출발했다.

니시산조(Nishisanso)역에서 10여 분 걸어가면 파나소닉 공장이 나오고 두 번째 출입구에 고노스케 역사관이 있다. 사진으로 보던 그 동상과 건물이 모습을 드러냈다. 겨울인데도 황량함은 없고 포근한 느낌을 일으키는 구조다. 큰 나무를 배경으로 마쓰시타 고노스케의 동상이 자리 잡고 오른편에 마쓰시타전기공장이 연결된다.

"상인의 길을 고노스케에게 묻다 좋게, 기쁘게"

마쓰시타 고노스케 역사관에 들어서면 인사성 밝고 절도 있게 방문객을 맞이하는 조그마한 체구의 일본인 아가씨를 만나게 된다. 그의 이름은 오쿠다(S. Okuda)였다.

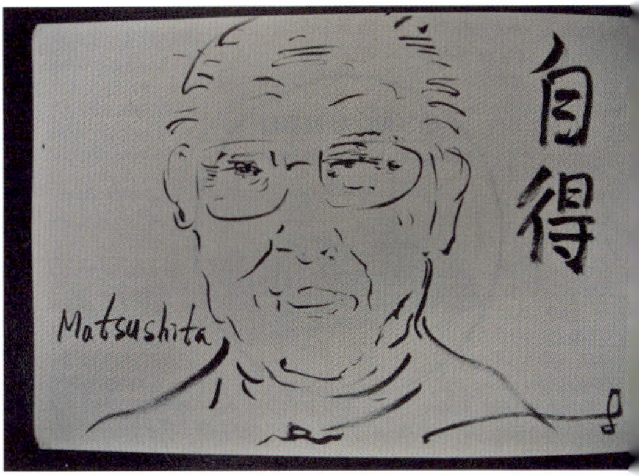

마쓰시타 고노스케의 첫인상은 이렇게 느꼈다. 인자한 할아버지, 미소가 아름다운 경영인, 사람들 삶을 풍요롭게 하는 제품을 만드는 장인, 경영의 도를 실현하는 구도인의 모습을 본다. 기념관에는 10년 단위로 주요한 내용을 중심으로 정리되어 있었다(어릴 때 모습, 창업과정, 글로벌 전략, 그리고 경영이념의 정립 등).

어느 날 직원이 "회장님은 어떻게 하여 이처럼 큰 성공을 하였습니까?"라고 물었다. 회장은 인자한 미소로 답했다. "나는 세 가지 하늘의 큰 은혜를 입고 태어났어."

"그게 무엇인지요?"

"가난한 것, 허약한 것, 못 배운 것."

"예? 그것은 은혜라기보다는 불행에 가까운데요."

"그래, 하지만 달리 생각해 보게. 가난했기 때문에, 부지런히 일하지 않고서는 잘 살 수 없다는 진리를 깨달았고, 허약했기 때문에, 건강의 소중함을 알고 몸을 아끼고 건강에 힘써 지금처럼 90이 넘었지만 겨울철에 냉수마찰을 하고 있네. 그리고 못 배웠기 때문에, 항상 이 세상 모든 사람들을 나의 스승으로 받들어 배우는 데 노력하여 지식과 상식을 높일 수 있었네." 역경을 기회로 만들고 주어진 시련을 극복한 인간승리다.

마쓰시타 고노스케의 친필인 자득(自得)이 눈에 띄었다. 영어로 'Independent Study'로 그의 공부법 정수를 보여주고 있다. 몸이 약해서 건강에 더 신경을 썼고, 공부가 부족하여 주위 모든 사람들로부터 배웠으며, 나보다 훌륭한 직원을 만들기 위해 노력했다.

고노스케 역사관은 크게 제1기부터 제4기까지 네 부분으로 구분해서 전시하고 있었다. 연도별로 표시하지만 가만히 보니 고노스케의 나이별로 구분하는 게 이해가 쉽겠다 싶었다. 제1기는 1894~1918년이니 고노스케가 태어나서 22세까지로 보면 된다. 제2기는 23~50세, 제3기는 51~64세, 제4기는 65세 이후를 다루고 있었다.

고노스케 역사관 관람은 어떻게 보면 단순하다. 제1기부터 순서대로 제4기까지 관람하면 된다. 하지만 사전에 공부하지 않고 가면 제한된 시간에 충분한 감흥을 얻기 어렵다. 제1기는 고노스케의 어린 시절과 22세 청년까지의 삶을 다루고 있다. 제1기에서는 고노스케가 태어난 와카야마현의 시골풍경과 생가 사진을 보여준다.

안내원에게 아직도 고노스케의 고향에 생가가 보존되어 있다면 방문하고 싶다고 했더니 더 이상 보존되지 않고 있다고 한다. 1894년

11월 27일에 태어났으니 너무 오래전이라 보존이 힘들었나 보다.

포근하게 펼쳐진 들판을 배경으로 하는 시골풍경과 생가 사진으로 위로삼고 마음을 달랬다. 도요다 사키치의 생가가 보존되어 있어 찾는 이들의 영감을 일깨워준다는 점에서 아쉽기만 하다.

아쉬움을 뒤로 하고 시계방향으로 이동하니 초등학교 4학년을 중퇴하고 오사카의 미야타 화로가게에 견습점원으로 일할 당시의 사진이 눈에 띈다. 10세 때 고다이 자전거상회로 전직해서 가게 주인의 부인과 함께 찍은 사진이 있는데 고노스케의 가장 오래된 사진(1905년)이라고 한다.

교복 같은 복장에 목까지 단추를 채운 단정한 소년 고노스케 옆에는 기모노에 머리를 올리고 단정히 손을 모으고 있는 가게 주인의 부인이 엷은 미소를 짓고 있다. 그 부인은 '경영의 신'으로 불리며 일본에서 가장 존경받는 미래의 위대한 경영자가 지금 그녀의 옆에 서 있다는 것을 짐작이나 했을까?

고노스케는 어릴 적부터 범상치 않았나 보다. 일화가 적잖다. 자전거상회에서 일할 때의 일이다. 자전거를 고치러 온 손님의 담배 심부름이 많았는데 그는 여기서 기발한 아이디어를 생각해 낸다. 주인에게 담뱃값을 빌려 한꺼번에 담배를 한 상자 사두는 것이다. 그렇게 하면 한 갑을 덤으로 얻을 수 있을 뿐 아니라 손님이 담배를 사오라고 했을 때 그 자리에서 담배를 내놓을 수 있었다.

그의 인생의 전환기는 열다섯 살 때인 1910년 찾아왔다. 자전거상회를 그만두고 오사카 전등회사에 직공으로 취직한 어느 날, 전기수리를 나갔다가 우연히 그 집 자매가 말다툼을 하는 것을 듣게 되었다.

소켓 하나를 놓고 자매 가운데 언니는 전등을 꽂겠다고 우기고 동생은 전기인두를 꽂겠다며 서로 다투는 것이었다. 자매가 싸우는 이유를 알게 된 그는 순간 기발한 발상이 떠올랐다. "저렇게 싸우지 않으려면 한꺼번에 두 사람 모두가 사용할 수 있는 쌍소켓을 만들면 되는 거 아니야?"

고노스케는 자신의 가게로 돌아와, 그동안 익혀온 기술로 쌍소켓 시험제작에 들어갔다. 그대로 팔아도 될 만큼 우수한 것이었다. 그는 서둘러 특허출원을 마치고 쌍소켓을 판매하기 위해 많은 양을 생산하기 시작했다.

제2기 구역으로 들어서자 마쓰시타전기기구제작소 창업 당시의 집이 나온다. 고노스케 나이 23~50세에 해당되니 아마 창업에서 경영에 열정을 바친 시기가 아닐까 하면서 관람을 시작한다. 마쓰시타의 2평짜리 가게는 1년 사이에 '마쓰시타전기회사'로 바뀌었고, 마쓰시타의 발명은 계속 이어졌다. '마네'라는 말은 일본어로 '모방'이라는 뜻을 가진 말이다.

마쓰시타는 모방에 천재적인 자질을 가지고 있다 해서 사람들은 그를 '마네시타'라고 부르기도 했다. 왜 일본인은 그렇게 마쓰시타 고노스케를 존경하고 사랑하는 것일까? 뚜렷한 국가관을 제시했기 때문일 게다. 기업은 국가의 발전에 이바지해야 한다는 그의 믿음에서 그의 기업에서 생산되는 모든 전기용품은 '국가'라는 뜻에서 'NATIONAL'이라는 이름을 붙였다. 자신의 기업이 국가의 발전에 부응하겠다는 의지가 이보다 더 선명하고 강할 수 있을까. 그의 국가관은 전후 패전의 쓰라린 고통을 받고 있는 일본 국민들의 마음을 사로잡았다.

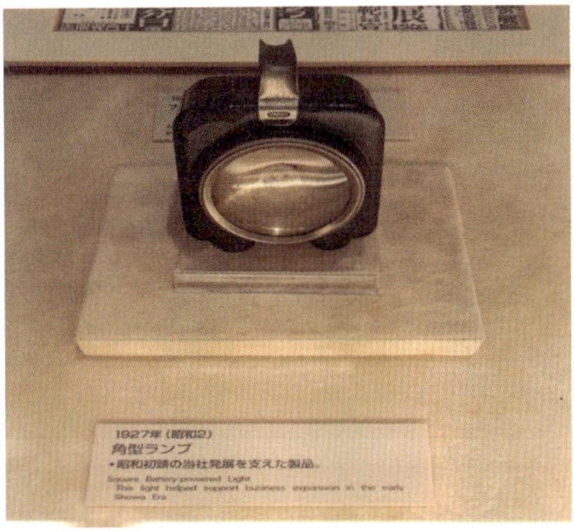

제2기 구역에서 가장 눈에 띄는 작품이 하나 있다. 1927년 그의 나이 32세 때 각형 자전거 램프에 '내셔널' 상표를 처음으로 채용하여 발매한 것이다. 제2기에서 가장 중요한 사건은 사명을 깨닫고 기업의 정신을 불어넣은 시기라는 데 있다. 1932년 5월 5일, 고노스케는 모든 사원을 한자리에 모아놓고 파나소닉의 가족이 앞으로 지녀야 할 진정한 사명감에 대해서 호소하고 아울러 그 내용을 간결하게 정리한 대표의 인사말을 하였다. 이후 파나소닉 그룹에서는 매년 창업 기념식에서 이를 낭독해 오고 있다.

백과사전 명함사회

일본은 흔히들 명함사회라고 한다. 그만큼 많이들 쓰고 취급 방법도 까다롭다. 우리들도 평소에 잘 사용하지 않던 명함을 잔뜩 챙겨서 왔다. 일본에 와서 명함을 주고받다 보니 명함의 기원에 대한 호기심이 발동했다.

명함의 발생은 기원전 2세기의 중국에서 기원한 것으로 알려지고 있다. 명함을 커뮤니케이션의 도구라고 생각하기 때문에 원시시대까지 그 역사가 거슬러 올라간다. 인류에게 언어가 아직 생성되지 않았을 무렵 처음으로 만난 상대 앞에 자갈과 같은 돌멩이를 둔 후 그곳에서 멀리 떨어져 그것을 지켜봤다고 한다. 상대가 자갈을 자기에게 향하게 하면 적의가 없는 것으로 판단했다고 한다. 독일의 경우도 16세기경 이름을 적은 쪽지를 사용했으며, 프랑스는 루이 14세 때부터 명함을 사용했다고 전해진다. 한국 최초의 명함사용자는 한국인 최초 유학생인 유길준으로 현재 미국의 매사추세츠주의 세일럼 시피바디엑세스 박물관에 보관되어 있다.

우리나라에서 가장 오래된 명함은 구한말 민영익의 명함이다. 민영익은 1883년 조선 보빙사(朝鮮報聘使 : 한 국가를 대표해 외국을 방문하는 사절) 자격으로 공사관 개설차 미국을 방문한 뒤, 아서 대통령 주선으로 6개월간 유럽을 여행했다. 이때 영국에서 청나라 공사를 만나 명함을 건넸는데, 그게 지금껏 전해지고 있다. 민영익 명함은 미국산 종이에 요즘 명함 크기와 비슷한 가로 5.5cm, 세로 9cm이며 민영익 특유의 필체로 이름이 쓰여 있다. 또한 명함을 받은 미국 인사가 그를 기억하기 위해 연필로 'Min young ik, corean ambassador to US'라고 적어 놓았다고 한다.

서양 자본주의 물결이 밀려오면서 인쇄해서 쓰는 '명편(名便)'이 널리 쓰였고, 그 명편이 우리나라와 일본으로 퍼져 '명함'과 '메이시'가 되었다. 일제강점기에 실업가 박흥식은 순금으로 만든 명함을 내밀어, 까다롭기로 유명한 일본인 총독과 면담을 성사시키기도 했다. 명함을 중시하는 사회에서 순금까지 더했으니 효과가 있었을 게다.

일본인이 최초로 명함을 사용한 것은 1854년이다. 에도 막부의 한 관리가 방일한 미국사절단에게 자신의 지위와 이름을 적어 건네준 것이 최초의 명함이라고 한다. 일본에서 명함은 '그 사람의 얼굴'을 나타내는 것이다. 따라서 명함을 취급하는 법에는 특히 주의해야 한다. 명함은 회사명, 소속, 이름순으로 이야기하면서 건넨다.
자신의 이름이 상대방에게 바로 보이도록 하여 왼손으로 받치면서 오른손으로 건넨다. 명함을 손으로 받을 때는 명함의 끝을 쥐도록 하고, 상대의 이름 위에 손가락을 두면 안 되는 것이다. 방문자가 먼저 명함을 건네야 한다. 상대의 명함은 양손으로 정중히 받으며, 받은 즉시 눈으로 확인하고 상대방의 직함을 물어보며, 읽기 어려운 글자가 있을 경우 바로 묻는다. 또한 바로 명함을 집어넣는다든지 손으로 만지작거리는 것은 금물이며, 가슴 아래로 내리지 않도록 주의한다. 자신의 명함도 더럽히거나 찢어지지 않도록 신경 써야 한다.
그리고 명함을 손으로 받으면 반드시 '~분이시네요(~さまですね)'라고 이름을 확인하고, 명함에 쓰여 있는 것에 관해 몇 개 정도 질문하거나 한다. 상대의 직위나 회사의 장소 등으로부터 화제를 발견하면, 부드럽게 대화를 계속할 수 있기 때문이다. 명함을 주고받는 모습이 예의 바르고 조심스러워 마치 무슨 종교의식을 하고 있다는 생각이 든다. 일본은 대학생들도 개인명함을 가지고 있을 정도로 명함이 흔하다. 이름과 주소, 전화번호 등을 입력하면 그 자리에서 명함을 만들 수 있는 즉석 명함기계가 있을 정도이다.
일본인들은 이름이 어려우므로 항상 명함을 주고받는다. 상대방의 이름을 정확히 읽기는 매우 어렵다. 같은 한자라도 다른 음으로 읽는 경우가 많기 때문이다. 상대방에게서 명함을 받고 자기의 명함을 주지 않는 것은 실례이다. 따라서 일본인을 만날 때는 항시 명함을 준비하는 것이 좋다.

창업선언문은 파나소닉이 초일류기업으로 성장하는 정신적 토양이 되었기 때문에 그 내용이 궁금했다. 전문을 소개한다.

"저희 마쓰시타 전기제작소는 1918년에 창업한 이래, 모든 사원이 가족 같은 분위기로 서로 협력하여 오늘날의 발전을 이루게 되었으며 업계에서도 그 공적을 인정받아 이 분야의 선두주자로서 그 장래를 매우 촉망받고 있습니다. 저희들의 책임은 실로 막중하다고 할 수 있습니다. 따라서 오늘을 미래의 혁신을 위한 하나의 전환기로 삼기 위해 창업기념일로 제정하고, 이 자리를 빌어 친애하는 종업원 여러분에게 이를 엄숙히 말씀드립니다. 일반적으로 생산의 목적이라 함은 사람이 일상생활에 필요한 물품을 충실하고 풍부하게 제공하여 그 생활 내용을 개선 확충시키는 것이며, 그것이 또한 저의 바람이기도 합니다. 저희 마쓰시타전기제작소는 그 사명의 달성을 궁극의 목적으로 삼고 앞으로도 이에 대하여 더욱 혼신의 힘을 다해 정진해 나갈 것입니다. 친애하는 사원 여러분께서는 제 말의 진정한 의미를 깊이 이해하셔서 맡은 바 임무를 완수해 나아가기를 간절히 바랍니다. 1932년 5월 5일 대표 마쓰시타 고노스케."

이후 파나소닉은 1932년을 창업 원년으로 정하고 5월 5일을 창업기념일로 제정하였다. 파나소닉이라는 위대한 기업의 재탄생이다.

제3기는 그의 나이 50대, 공자(孔子)가 말한 지천명(인생의 의미)을 알았다는 시기이다. 큰 변화가의 시기를 기대하면서 제3기로 이동한다. 제3기는 '세계를 누빈다'로 이름 지어졌다. 세계를 진출하는 시기이다.

고노스케는 1951년 처음으로 미국을 방문하였다. 이후 1952년 필립스와의 제휴에 조인한 사건이 가장 중요한 내용이다. 1952년 마쓰시타전기는 필립스와 기술제휴를 맺었다. 하지만 마쓰시타의 탁월한 경영전략을 필립스에 전파하기도 했다.

당시 필립스가 선불금 55만 달러와 주식 30%, 기술지도료(로열티) 7%를 요구하자 마쓰시타전기는 필립스 측에 경영지도료를 요구했다. 결국 기술지도료 4.5%를 필립스에 내고 경영지도료 3%를 받기로 합

의했다. 다양한 전자제품 개발에 힘입어 1955년부터 미국, 캐나다, 멕시코 등 해외지역에 오디오장비를 수출하면서 해외 진출 시 기업명을 파나소닉(Panasonic)으로 정했다. 1955년에 미국 수출용 스피커에 'Panasonic' 브랜드를 처음으로 사용하였다. Pan + Sonic의 합성으로 마쓰시타의 소리를 세계에 널리 퍼트리자라는 의미이다.

마지막 단계인 제4기는 고노스케 65세 이후의 삶을 다루고 있다. 1961년 회장이 취임한 이듬해에 '타임'지의 커버스토리를 통해 세계로 소개되었다. 세계적인 인물로 부상했음을 의미한다. 두 번째 중요한 이슈는 일본 내의 판매부진을 해결하기 위해 아타미 회담을 개최한 사건이다. 고노스케는 위기관리 능력을 유감없이 보여주었다.

일본은 1964년 4월 OECD에 가입, 도쿄올림픽 개최로 들떠 있었다. 그러나 경기는 하강국면을 보이며 마쓰시타 계열의 판매회사나 대리점, 판매점 중에서도 적자를 보는 곳이 늘어나면서 위기가 심각해졌다. 3년 전 회장으로 물러난 고노스케는 상황이 심상치 않음을 깨닫고 69세의 나이에도 불구하고 전면에 나서며 아타미 회담을 개최한다.

눈물의 아타미 회담에 대한 고노스케의 말을 들어보자.

"도쿄올림픽을 기점으로 당시 과열된 경기를 진정시키기 위해 금융긴축이 강화되어 산업계는 경기후퇴와 과잉설비라는 고통에 시달렸다. 마쓰시타전기의 판매회사와 대리점도 적자에 허덕이는 곳이 늘었다. 업계 사람들을 불러서 실정을 들어봐야겠다는 생각으로 1964년 7월 아타미에서 마쓰시타 전기의 전국 판매회사, 대리점 사장 간담회를 열었다. 오랜만에 사람들의 이야기를 듣고 나는 충격을 받았다. 모두가 '이윤이 생기지 않는다', '어떻게 할 방법이 없다'는 말뿐이었다.

그래서 나는 그들에게 물어보았다. '여러분 중에서 이익을 보고 있는 분이 있습니까. 있으면 손을 들어주십시오.' 그러자 약 30명이 손을 들었다. 나머지 170명 정도는 적자로 고생한다는 뜻이다. 나는 적자가 많다는 사실에 놀란 반면에 '하면 된다'는 격려도 받은 느낌이었다.

간담회는 원래 이틀 예정으로 시작되었지만 하루가 연장되어 사흘째에 들어섰다. 그러나 마쓰시타전기에 대한 불평은 그칠 줄 몰랐다. 불평은 끝이 없었다. 나는 '이대로 끝낼 수는 없다. 마쓰시다전기가 결론을 내지 않으면 안 된다'라고 결심하고 사흘째에 사람들 앞에 서서 마지막으로 이렇게 말했다.

'오늘날 마쓰시타전기가 성장한 것은 진정으로 여러분의 덕택입니다. 저희는 한 마디도 불평을 할 자격이 없습니다. 은혜를 잊은 채 상황을 보고 판단했기 때문에 문제가 나타났다고 생각합니다. 앞으로는 마음을 고쳐먹고 개선해 나가겠습니다. 분명히 약속드립니다.' 이렇게 말을 하다 보니 내 가슴속에는 만감이 교차했다. 그리고 나도 모르게 눈시울이 뜨거워져 말이 나오지 않았다. 문득 정신을 차려보니 절반이 넘는 사람들이 손수건을 꺼내 눈물을 닦고 있었다. 그 후 신기하게도 그전까지 공격적이던 회의 분위기가 완전히 바뀌었다. '우리도 잘못이 있습니다. 앞으로는 서로 마음을 고쳐먹고 열심히 합시다' 하고 말하는 사람이 속출했다.

그때 나는 사람의 본성은 착하며 상대의 처지가 되어 솔직하게 대화하면 반드시 해결책이 생긴다는 사실을 뼈저리게 느꼈다. 회의기간에 있어서도 공식적으로는 끝내는 시간을 정하지 않고 서로가 납득할 때까지 계속한다고 말했다. 실제로는 예정대로 마쳤다. 참석자에게 마음대로 이야기를 하게 한 것은 대리점주 사이에 팽배한 불평불만이나 불신감을 일소해서 그들의 감정을 긍정적인 방향으로 바꾸었다."

이것이 고노스케의 노련함이 돋보인 유명한 아타미 회담의 내용이다.

(백과사전) 지진이야기

지진강도는 '리히터(Richter)'로 표시한다. 미국 지진학자 찰스 프랜시스 리히터(1900~1985) 등이 고안했다. 기상청에 따르면 리히터가 1 증가할 때마다 에너지는 30배 증가한다. 즉 6.0의 지진은 5.0보다 30배, 4.0보다는 900배 강력하다.

지진은 저마다의 이름이 있다. 가장 규모가 큰 지진, 막대한 피해를 준 지진, 역사를 바꾼 지진 등. 1880년대 지진계가 발명된 이래 계측된 세계 최강의 지진은 1960년 5월 22일 칠레 발디비아 대지진이다. 처음엔 8.6으로 알려졌지만 나중에 미국지질조사국(USGS) 등이 9.5로 수정했다. 가장 많은 인명 피해를 낸 지진은 1556년 1월 23일 중국 산시성 이량에서 발생했다. 지진 후의 전염병과 기근 피해까지 무려 83만 명의 사망자를 냈다.

역사를 바꾼 지진은 리스본 대지진이다. 리스본 대지진 이전과 이후 세상은 더 이상 같을 수 없었다. '신의 섭리로 세상이 질서정연하게 움직인다'라는 라이프니츠식 낙관주의가 일거에 무너져 버렸다. 3분 간격으로 발생한 두 번의 지진, 세 차례의 해일, 대화재는 800년 역사를 자랑하던 국제도시 리스본을 쑥대밭으로 만들었다. 신의 섭리에 대한 믿음에 회의가 일기 시작했다. 모든 성인을 기리는 축일에 성당에 모여 기도하고 있는, 성스러운 리스본에 왜 신은 그 같은 재앙을 내렸는가?

『운명의 날』 저자 니콜라스 시라디는 리스본 대지진이 단순한 재앙이 아니라 커다란 혁명을 몰고와 유럽의 근대화를 꽃피운 사건으로 평가한다. 리스본 대지진은 처음으로 지진학 연구와 국제 재난구호원조를 낳는 단초가 되었고 근대적인 도시 건설 계기가 되었다고 분석하고 있다. 사라디의 말대로 지진이 하루만 빨리 왔거나 일주일만 늦었어도 그처럼 심오한 철학적 논쟁을 불러일으키지 못했을 게 분명하다.

2시간 정도의 고노스케 역사관 관람을 마치고 밖으로 나왔다. 뒤편으로 고노스케의 동상이 보인다. 파나소닉(2008년 마쓰시타전기에서 파나소닉으로 변경)의 창업자로서 제2차 세계대전 패전 후 실의에 잠긴 일본 국민에게 희망을 안겨준 인물이다. 인간 존중의 기업문화를 확산하는 데 크게 기여했다는 평가를 받고 있다. 사진의 동상은 오사카의 파나소닉뮤지엄 내에 세워져 있다. 노동조합 측이 마쓰시타에게 감사의 뜻으로 증정한 것으로 노사관계에서도 존경받는 경영자였다.

안내원 오쿠다(S. Okuda) 양에게 감사의 인사를 전했다. 잠시 양해를 구하고 함께 기념사진을 찍었다. 고노스케 동상 앞에서 가장 좋은 배경이 어디인지 가르쳐주면서 함께 사진을 추억으로 남겼다. 한국사람들도 제법 많이 방문하고 있으며 작년에도 한국대학생들이 단체로 많이 방문했다고 한다.

이제는 고인이 된 마쓰시타 고노스케를 직접 만나지는 못했지만 그의 동상과 기념물, 손때 묻은 제품, 사진을 보며 그와의 대화를 나눈 듯한 착각에 빠져 있다 기념관문을 나서자 다시금 현실로 돌아왔다.

그와의 만남에 대한 여운이 아직 남아 있다. 어린 나이에 뜻을 세웠고, 사명을 깨달았으며, 세계를 누비며 인재양성에 대한 혜안으로 정경숙을 세운 고노스케 기념관을 마무리했다.

기념관을 나서며 문득 하나의 물음이 솟아났다. 고노스케는 한국의 경영자 중 누구와 가장 닮았을까? 온갖 시련을 극복한 인간승리 드라마의 주인공이라는 점에서 정주영 회장에 비교된다. 초등학교 교육도 제대로 받지 못했고 20대 초에 자신의 사업을 시작했다. 유년시절의 역경을 극복하는 과정이 닮아 있다.

(백과사전) 타임캡슐

'인류의 진보와 조화'를 테마로 한 일본 만국박람회를 기념하여 마이니치 신문사와 마쓰시타 전기산업주식회사는 같은 내용의 캡슐 두 개를 완성하여 나고야성 천수각 앞 지하 15m에 묻었다고 한다. 1971년 3월 15일 날짜로 묻혀 있다. 일본을 비롯하여 세계 각국의 사람들의 협력을 얻어 선택된 20세기의 문화소산 2,098점이 최신 보존 기술에 의해 특수금속제용기 속에 보관되고 있다고 한다.

"우리들은 세계의 영원한 평화와 무궁한 번영을 믿으며, 5000년 후의 인류에 이것을 남기겠습니다(1971년 3월 15일)." 상부 캡슐은 각 세기가 시작할 무렵에, 하부 캡슐은 6979년에 개봉해 줄 것을 부탁하고 있다. 마쓰시타전기가 5000년 후에 후손들이 개봉할 수 있도록 나고야성의 천수각이 가장 잘 보이는 곳에 묻어 두었다고 한다.

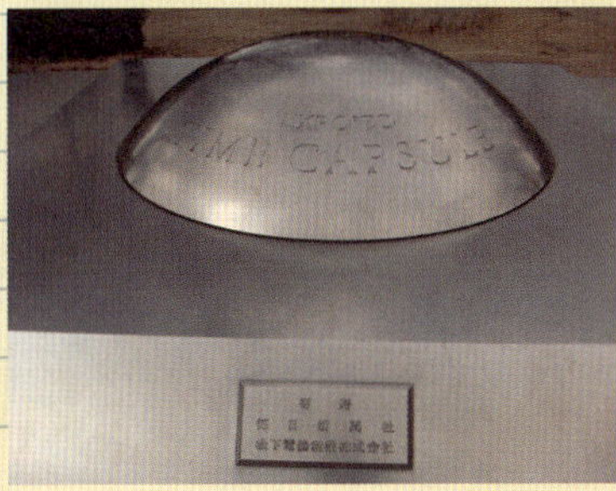

아사히 신문이 조사한 보고서에 따르면 과거 1000년간 일본기업인 중 최고의 기업인으로 마쓰시타가 뽑혔다고 한다. 한국의 미래 경영자들이 배울 만한 인물이다. 일본의 청년들이 정주영 회장의 역경 드라마도 배워보길 바라면서 기념관을 떠났다.

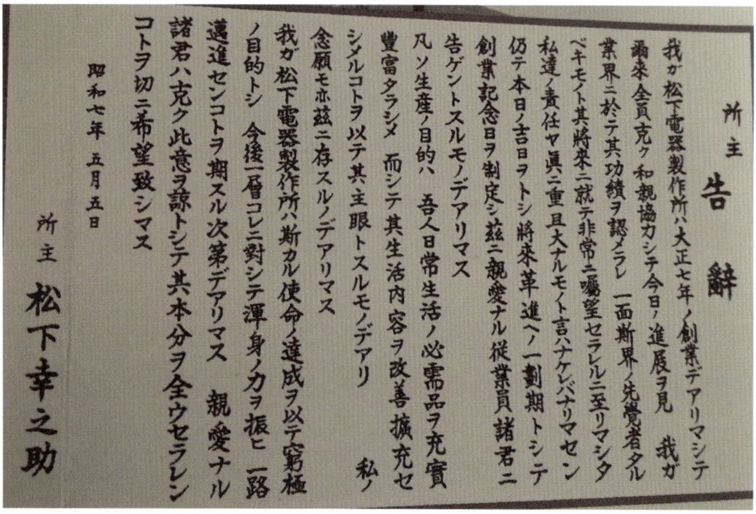

所主
告辭
我ガ松下電器製作所ハ大正七年ノ創業デアリマシテ
爾来全員克ク和親協力シテ今日ノ進展ヲ見　我ガ
業界ニ於テ其功績ヲ認メラレ　一面斯界ノ先覺者タル
ベキモノト其將來ニ就テ非常ニ囑望セラレルニ至リマシタ
私達ノ責任ヤ眞ニ重且大ナルモノト言ハナケレバナリマセン
仍テ本日ノ吉日ヲトシ將來革進ヘノ一劃期トシテ
創業記念日ヲ制定シ茲ニ親愛ナル從業員諸君ニ
告ゲントスルモノデアリマス
凡ソ生産ノ目的ハ　吾人日常生活ノ必需品ヲ充實
豊富タラシメ　而シテ其生活内容ヲ改善擴充セ
シメルコトヲ以テ其主眼トスルモノデアリ　私ノ
念願モ亦茲ニ存スルノデアリマス
我ガ松下電器製作所ハ斯カル使命ノ達成ヲ以テ窮極
ノ目的トシ　今後一層コレニ對シテ渾身ノ力ヲ振ヒ　一路
邁進センコトヲ期スル次第デアリマス　親愛ナル
諸君ハ克ク此意ヲ諒トシテ其本分ヲ全ウセラレン
コトヲ切ニ希望致シマス
昭和七年　五月五日
所主
松下幸之助

(백과사전) 도쿄구상

세계 최대의 비료공장 건설을 꿈꾸던 이병철 회장은 막대한 자금조달 문제로 고민에 빠져 있었다. 그는 1960년 1월 1일 도쿄의 오쿠라호텔에서 TV의 정초 특집을 시청하다가 그 해법을 찾게 되었다.

외국의 차관을 통해 투자자금 유치에 대한 아이디어를 얻게 된 것이다. 당시 도쿄는 동북아의 '정보허브'로서 자리 잡고 있었다. 이 회장은 이곳에서 반도체, 유전공학,

제트항공기 등 하이테크 사업의 꿈을 실현하기 위한 구상을 했던 것이다. 그는 일본 주요 언론의 신년특집을 통해 전체 그림을 그렸고, 이를 구체화하기 위해 언론계의 기자, 학계의 교수, 산업계의 경영자 등과 면담을 추진했다.

이렇게 수집된 정보와 새로운 사업 아이디어를 귀국 후 기업의 경영진들에게 주어 검토하도록 했다. 이를 두고 세간에서는 이병철 회장의 '도쿄구상'이라고 불렀던 것이다. 그 후 이 회장은 일생일대의 승부수를 던지게 된다.

'진출할 것인가, 물러날 것인가?'

이병철 삼성그룹 창업주는 73세이던 1983년 2월 8일 일본 도쿄 오쿠라호텔에서 '도쿄선언'을 발표했다. 그룹 차원에서 '산업의 쌀'인 메모리 반도체산업에 대대적으로 투자한다는 '출사표'를 던졌다. 국내에서는 무모한 도전이라고 혹평을 쏟아내고, 자본도 기술도 없이 실패가 뻔하다고 비난을 퍼부었다. 반도체사업은 인구 1억 이상, GNP 1만 달러 이상, 국내 소비 50% 이상이 되어야 가능한 사업으로 인식하고 있어 한국은 이 중 어느 하나도 만족시키지 못하고 있었다. 거의 불가능한 도박에 가까웠다.

당시 삼성의 수준은 가전제품용 LSI(고밀도 집적회로)를 간신히 생산하는 단계에 불과하고 반제품을 들여다 가공, 조립하는 수준이어서 D램을 생산한다는 것은 걸음마도 못하는 아이가 하늘을 날겠다는 것과 마찬가지였다.

그러나 창업주의 승부수는 결국 결실을 맺기 시작했다. 삼성전자는 도쿄선언 이후 10개월 만에 64k D램을 독자개발했다. 한국은 메모리 반도체 시장에서 확고한 1위 자리를 지키고 있다. 이 분야에서 톱 티어(Top Tier: 선도기업) 자리를 차지한 것이다.

이건희 회장의 '신경영 선언' 역시 일본에서 시작됐다. 1993년 6월 4일 당시 이 회장은 일본 도쿄 오쿠라호텔에서 삼성전자 기술개발 대책회의를 열었다. 얼마 후 이 회장은 독일에서 양적 경영에서 질적 경영으로 전환해야 한다는 '신경영 선언'을 했다.

미래 일본을 짊어질 지도자 양성

여러분들에게 '마쓰시타 정경숙'을 소개할까 한다.

'경영의 신'으로 일본에서 가장 추앙받는 경영자, 파나소닉 창업자인 마쓰시타 고노스케(松下幸之助), 그의 나이 85세 때인 1979년에 미래의 일본 지도자를 양성하기 위해 설립한 인재양성소다. 그는 교육과 인재양성에 대한 욕심이 남달랐다. 초등학교도 졸업하지 못한 마쓰시타가 현장이라는 거대한 바다에서 배운 경험을 후대에 물려주고 싶다는 마음이 간절했던 것일까?

입학조건은 현장 중심적이다. 기존의 스펙이나 재능보다 타고난 운이나 친화력을 높이 산 걸로 봐도 알 수 있다. 소수정예로 운영하면서 지도자로서 자질에 필요한 인문학적 지식뿐 아니라 다도, 검도, 신도 등 전통적인 과정을 중시한 걸로 봐서 그의 인재상을 엿볼 수 있다. 우리의 경우에 도산서원에서 퇴계선생이 인재교육을 시킨 경우와 미세한 부분은 차이가 있지만 이상적인 인재를 키운다는 점에서는 비슷한 것 같다. 최근의 민족사관학교와 같은 경우도 설립자의 현장 중심적인 인재상을 현실에 구현한다는 점에서 일맥상통한다.

마쓰시타 정경숙은 도쿄에서 전철로 한 시간 떨어진 일본 가나가와현 지가사키에 있다. 일본은 철저히 예약문화라서 사전에 통보 없이 방문하게 되면 그냥 문전박대당하기 일쑤다. 우리가 이곳을 방문하는 것은 뭔가 특별한 기운이 있어 나에게 행운을 가져다줄 거라는 샤머니즘의 느낌도 있다. 그러나 좀 달리 생각해 보면, 남의 기운을 부족한 나의 기운에 보탠다는 의미는 너무 수동적인 느낌이 든다. 그것보다는 잠재적인 나의 기운을 깨우는 좋은 자극제로서 기(氣)를 받는다고 본다. 이러한 방식의 기 받기는 기본적으로 남의 것을 받아서 채우는 것이 아니라 나에게 내재되어 있는 기를 북돋우는 것으로 온전히 내 것인 것이다.

마쓰시타 정경숙은 파나소닉 창업자인 마쓰시타 고노스케가 1979년 "미래 일본을 짊어질 지도자를 육성한다"는 목표로 사재 70억 엔을 들여 세운 인재양성소다. 미래의 일본 정치지도자를 양성하는 곳으로 알려져 한국에서도 많은 이들이 방문하는 곳이다.

그는 최고의 호황기를 맞고 있는 일본을 향해 "겉만 있고 뿌리 없는 번영이다. 이대로 일본은 안 된다"고 비평했다. '내셔널', '파나소닉' 등으로 유명한 '마쓰시타전기'의 창업자인 그가 '뿌리 없는 번영론'을 주창한 까닭은 무엇일까? 마쓰시타는 일본이 세계를 주도하지 못하고 미국·유럽을 뒤따르고 있다고 염려했다. 경제대국에 걸맞은 정치·경제적 능력을 갖춘 지도자가 없음을 안타까워했다.

그는 곧 '아시아 시대'가 다가올 것을 직감했고 이에 대비할 '진정한 인재'가 절실히 필요하다고 느꼈다. 1979년, 일본 차세대 인재양성소 '마쓰시타 정경숙'은 이렇게 설립되었다. 호황기가 지나고 1990년대 일본은 잃어버린 10년에 직면했다. 번영 속에서 큰 위기감을 찾고 미래 준비에 들어간 마쓰시타의 인재양성에 대한 꿈은 정경숙 출신 정치인을 배출하면서 서서히 실현되고 있다.

마쓰시타 정경숙에는 세 가지가 없다. 상근강사가 없다. 커리큘럼이 없다. 교실이 없다. 정경숙 설립 시 일본 문부과학성은 교육기관이

갖춰야 할 요소들이 없어 인·허가를 내주지 않았다고 한다. 마쓰시타는 "지식은 선생으로부터 배울 수 있지만 중요한 것은 스스로 배워야 한다"고 주장했다. 교실은 일본 전역과 전 세계이고, 커리큘럼은 스스로 짜야 한다.

〈과정〉

교육과정은 대학원 과정으로 3년이다. 입학생은 전원 기숙사 생활을 한다. 등록금은 전액 면제되고, 한 달에 20만 엔의 생활비를 학생들에게 지급한다. 정경숙의 연수 목적은 '수신'과 '입지'라고 한다. 수신은 자신 주변을 잘 정리하는 것으로부터 출발한다. 하루 일과는 아침에 6시에 일어나 30분간 청소하는 것으로 시작된다.

1980년대 초반, 마쓰시타가 숙두(熟頭: 교장)를 맡을 당시 한 달에 한두 번 정경숙을 방문했다. 그의 첫 질문은 "숙생들은 청소를 잘하고 있는가?"였다. "자신 주변 청소도 못하면서 어찌 국가 청소를 하겠는가?"라고 자주 말했다. 정경숙의 세부 목표는 1년차는 수신, 2년차는

입지, 3년차는 자립인데, 입지는 정치가가 되려는 사람이 자신의 지역구만을 위해서 일해서는 안 된다는 뜻을 담고 있다. 세계 평화와 인류를 위해 봉사한다는 정신이 필요하다고 보았다.

수업은 오전 9시부터 저녁 5시 30분까지 진행된다. 강의는 하루 3과목이며, 과목당 2시간 수업을 한다. 수업은 강의와 토론을 병행한다. 정규 교육과정에는 수업 외에 일본의 전통문화 정신도 중요시한다. 차도(茶道), 서도(書道), 검도(劍道), 좌선(坐禪)은 필수 코스다. 전통을 배우는 것은 리더의 필수 요소이기 때문이다. 인간에게는 도가 필요하다는 것이 마쓰시타의 철학이다.

학생들에게는 강인한 체력도 요구된다. 교육기간 동안 반드시 100km 행군을 완주해야 한다. 매년 10월경 오전 10시에 정경숙을 떠나 미우라 반도를 쭉 돌아 24시간 내에 돌아오는 코스다. 무박으로 진행되기 때문에 체력뿐만 아니라 강한 정신력도 필요하다. 그룹으로 실시하며 한 명이라도 낙오한다면 다음 해에 다시 받아야 한다. 리더십과 팀워크를 길러준다.

학생들은 야간에 주로 부과된 과제를 수행한다. 한정된 경험만으로 사안을 판단하지 못하도록 '현장 중심'의 교육도 실시된다. 공장을 견학하기도 하고 공장에서 직접 일하기도 한다. 숙생은 농·공·임·낙농업까지 다양한 현장을 체험한다. 예를 들어 중국 베이징 마쓰시타 전기 공장에 숙생들이 파견되어 한 달간 노동자들과 함께 일한다. 이런 것을 정규 교과과정에 포함시켜 이론과 실무를 겸비하게 한다.

전임교수는 없으며 외부 강사에 의해 강의가 이루어진다. 강사는 정경숙 측에서 스스로 정할 수도 있고, 학생들의 요청에 의해 결정되기도 한다. 정경숙에 와서 강의하는 유명한 정치인으로는 나카소네

야스히로(中曾根康弘) 전 일본 수상을 들 수 있는데, 주로 헌법을 강의한다. 정경숙의 요청이 있으면, 그는 흔쾌히 수락한다고 한다. 정경숙에 입학한 학생의 평균 연령은 28세이며, 입학 경쟁률은 20 대 1 정도라고 한다.

〈선발〉

정경숙 설립 목적 중 하나는 '진정한 지도자를 육성한다'이지만 많은 수를 배출하지는 않는다. 매년 마쓰시타의 이상에 공감하는 200여 명의 젊은이들이 진정한 지도자의 꿈을 이루기 위해 지원한다. 하지만 엄격한 심사와 면접을 통해 매 학기마다 25~35세까지의 젊은이들을 7명에서 8명 정도만 뽑는다. 정경숙은 매우 아담하고도 깨끗한 건물이었으며, 소수 정예교육을 실시하기에 아주 적합하게 지어져 있었다.

〈졸업〉

졸업생은 정치계, 경제계와 연구 · 교육 등 사회 각 분야에서 활약하고 있다. 특히 정경숙 출신 국회의원들은 소속 당을 떠나서 '미래정치연구회'라는 모임을 조직해 정보공유와 유대관계를 이어가고 있다. 마쓰시타가 꿈꾸던 이상에 맞게 자신들이 일을 하는지 터놓고 의논한다. 정경숙 3기생 출신인 후루야마 카즈히로 숙두(塾頭: 교장)는 "많은 인재를 배출했다는 것이 성과가 아니라 앞으로 나올 인물들이 얼마나 잘할 것인가가 중요하다"고 말했다. 그에 따르면 마쓰시타의 사상은 단순명료했다.

(백과사전) 스모

8세기 초에 편찬된 『古事記』와 『日本西記』에 스모에 관한 기록이 있는 것으로 볼 때 스모는 오랜 역사를 갖고 있는 운동경기이다. 그 후로도 나라(奈良)시대에는 조정행사의 하나로 정착되었고 가마쿠라시대에는 무사들에게 적극적으로 장려되었으며 에도시대에는 서민들에게 많은 환영을 받으며 대중화되었다.

스모는 일본 고유의 전통적인 격투기 스포츠이다. 일본 국내에서 개최되는 스모의 프로 경기는 오즈모(大相撲)라는 이름으로 열리고 있다. 스모는 원래는 스포츠가 아니라, 힘센 남자들이 신 앞에서 그 힘을 바치는 신토의 의식이었다. 그런 연유로, 신에 대하여 경의를 표하기 위한 예의범절이 매우 중시되어 있어, 현재도 스모 자체에는 엄격한 예의범절이 통용되고 있다.

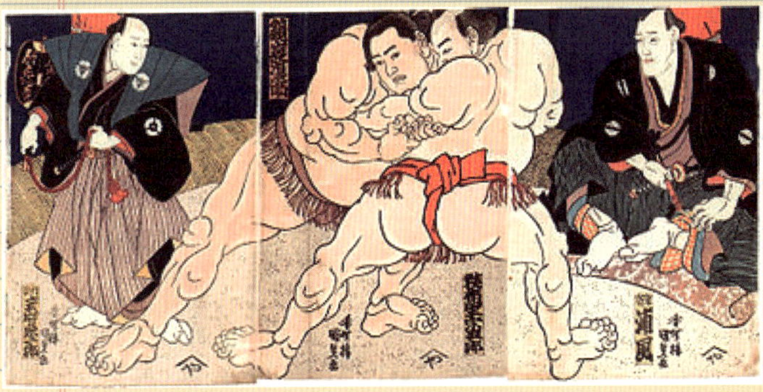

스모에는 일본 전통이 그대로 묻어 있다. 도쿄의 료코쿠(兩國) 스모 전용경기장인 국기관 입구엔 16세기 전국시대를 평정했던 오다 노부나가(織田信長)가 스모를 관전하는 대형 그림이 걸려 있다. 열렬한 스모 팬이었던 그는 넓은 들판에서 한 명이 쓰러질 때까지 계속되는 스모경기가 너무 길어지자 경기장 넓이를 제한했다. 또한 승패에 대한 다툼이 잦아지자 심판제도를 도입했다고 한다. 18세기쯤부터 오늘날에 이르기까지 300여 년에 걸쳐 지금과 같은 경기제도와 규칙이 확립되었는데, 오다 노부나가가 스모를 제도화한 주인공인 셈이다. 일본은 역사적 영웅 오다 노부나가와 스모를 이렇게 연결함으로써 스모 속에 전통과 역사를 버무려 놓았다.

일본 스모협회의 주관으로 15일간의 '그랜드 스모 대회'가 매년 6회씩 개최된다. 3번은 동경(1월, 5월, 9월)에서 나머지 3번은 오사카와 나고야, 후쿠오카(각각 3월, 7월, 11월)에서 열린다. 스모경기를 보고 있자니 재미보다는 부럽다는 생각이 먼저 들었다. 스모선수는 국민적 영웅으로 대접받고 부와 명예를 누리며 전통을 보전하고 있다는 자부심 또한 높다.

선수들의 입장부터 색다르다. 입장하는 선수는 예외 없이 손바닥을 치고 자기 몸을 때리는 소리가 요란하다. 손을 모았다가 벌리고 다리를 올렸다 내리며 바닥을 힘 있게 밟는 일은 몸의 긴장을 풀고 정신을 집중시키기 위한 동작이라고 한다. 소금을 쥐었다가 힘껏 뿌린다. 소금으로 부정을 씻어낸다는 행위이고 보기에도 시원한 감을 주기 때문에 선수들은 소금을 더욱 멋지게 뿌리기 위해 연습도 한다. 소금을 뿌리는 횟수는 세 번까지 가능하다. 바닥이 뿌려진 소금으로 하얗다. 전통 고관대작 스타일의 복장을 착용한 심판은 구호를 외치고 손짓을 하면서 선수들을 정렬시킨다.

스모는 상대편 선수와 일정거리를 두고 시합이 시작되면 넘어트리거나 경기장 밖으로 밀어내어 승부를 가린다. 스모는 단판승부가 특징이다. 경기시간은 4분 이내로서 경기장에 소금을 뿌리는 의식으로 시간을 조절한다. 대부분이 몇 초 내로 승부가 갈렸다. 경기시간보다 소금 뿌리며 바닥을 밟고 다리를 올렸다 내렸다 하는 동작이 훨씬 느리고 시간이 오래 걸렸다. 스모는 타치아이(쪼그리고 앉아 있다가 벌떡 일어나는 것)의 여하에 따라 승부가 결정된다고 할 정도로 순발력이 요구된다. 경기장 밖으로 밀려나거나 발바닥 이외의 신체 일부분이 바닥에 닿거나 경기장 밖에 닿으면 패하게 된다. 허리높이보다 더 높게 들려도 패하게 된다.

대결이 끝나면 이긴 선수는 다음에 싸울 자기편 선수에게 물을 떠 준다. 다음 선수는 몸을 깨끗하게 한다는 뜻으로 물로 입을 헹구고, 종이로 입가의 물기를 닦아낸다. 승리의 운이 이어지기를 기원하는 것이다. 상금을 받을 때는 손을 좌우로 흔드는데, 이것은 이기게 해준 신에게 감사한다는 뜻이다.

에필로그

교토대 정문은 매우 소박했다.
명성에 비해 너무 작은 정문이라니? 축소지향의 이어령 선생이 봤다면 축소지향의 좋은 사례를 만났다고 할지도 모르겠다. 차가운 날씨에도 교토대의 상징이라 할 수 있는 잘 생긴 나무 아래에서 몇몇 친구들이 드러누워 독특한 줄넘기를 하고 있었다. 큰북 소리가 들려 고개를 돌려보니, 계단 위 공간에서 짧은 치마를 입고 있는 치어리더들의 모습이 보였다. 북 소리에 맞춰 일사불란하면서도 과장스러운 몸짓으로 응원연습을 하고 있다. 응원문화에서도 일본 특유의 느낌을 받을 수 있다. 뭐랄까? 스시와 생선회처럼 원초적인 느낌말이다.

교토대 박물관에 들렀다. 대학박물관이지만 입장료가 있다. 교토대 관련 연구기관에서 세계 각지에서 연구한 동물, 식물, 곤충 등에 대한 체계적인 자료가 정리되어 있다. 점심은 교토대 구내에 있는 프랑스 요리가 나오는 레스토랑에서 했다. 유니폼을 입은 나이 지긋한 중년 매니저가 맞이한다. 매니저는 외투는 맡아서 보관하겠다면서 주문을 받았다. 우리는 생선요리 코스로 식사를 했다. 식사 후 교토대 정문으로 향했다. 정문으로 들어서자 가운데 커다란 나무가 당산나무같이 서 있다.

일본에서 가장 많은 과학 분야 노벨상 수상자를 배출한 대학은 교토대학이다. 자유로운 학풍, 개성과 독창성을 중시하는 교토대는 일본의 첫 노벨상을 배출한 대학이며 도쿄대에 비해 더 자유로운 학풍과 독창성을 중시하는 것으로 유명하다.

이 대학 출신으로 미국 컬럼비아대 교수로 재직 중이던 유카와 히데키(湯川秀樹)가 1949년 일본 최초로 노벨상(물리학상)을 받은 이후 일본이 배출한 노벨상 수상자 19명 가운데 교토대 출신 또는 교토대에 적을 둔 이는 7명이다. 분야별로는 물리학상 3명, 화학상과 생리의학상 각 2명이다. 도쿄(東京)대도 전체로는 7명이지만 문학상(2명)과 평화상(1명) 수상자를 뺀 과학 분야는 4명으로 교토대에 못 미친다.

교토대가 노벨상의 산실이 된 비결은 무엇일까? '자유로운 학풍'과 '효율적 연구지원'이다. 관료 양성을 위주로 하는 도쿄대와 다른 학풍을 만들고 싶어 했던 교토대는 학생들의 창의성 함양을 제일의 가치로 여겼다. 원하는 방식으로 원하는 주제를 자유롭게 연구하도록 하는 게 이곳 학풍이었다. 교토대는 방임에 가까울 정도로 학생의 개성과 독창적인 관심을 중시한다.

드디어 여행으로 만나는 일류기업 일본기행이 모두 끝났다. 10년 계획으로 추진한 여행의 첫걸음을 뗐다. 인생은 무거운 짐을 지고 먼 길을 떠나는 것이라고 했다. 그러나 친구와 떠나는 먼 길은 가장 빠른 길이면서 또한 즐거운 길이기도 하다. 다음번 일류기업을 만나기 위해 준비를 해야겠다.

| 저자약력 |

권종욱

대구 달성 출생. 고려대에서 국제경영학을 전공하고 강원대에서 교수로 재직 중이다. 저서로는『세계화와 글로벌경영 CASE 100』,『세계화와 글로벌경영』등 10여 권이 있고 글로벌기업과 글로벌문화를 주로 연구한다. 창의적 인재양성에 관심이 많아 '독서클럽 400'을 결성하여 운영 중이며 양서 보급을 통해 학생들에게 폭넓은 독서기회를 주려고 애쓰고 있다. 미국, 독일 등 세계의 일류기업을 여행하면서『배낭여행으로 탐험하는 세계 일류기업』시리즈를 기획하고 있으며 글로벌인재 양성을 위해 '글로벌 일류기업 탐험대' 결성을 준비 중이다.

이지석

경북 경주 출생. 영남대에서 국제경제학을 전공하고 세명대에서 교수로 재직 중이다. 1994년 경북도청에서 통상진흥 전문직 공무원 생활을 하면서 저술활동과 창의력 증진을 위한 재미있는 계획을 추진하였다. 그 중에 '나의 10년 프로젝트 플랜'을 실천하고 있는데, 1991년부터 논문공모전에 도전하여 '10년간 10회 수상'이란 목표를 시작으로, 시간 관리를 위해 '메모형 일기'를 20년째 쓰고 있으며, 좌뇌와 우뇌를 발전시키기 위해 항상 메모북을 들고 다니면서 낙서와 드로잉을 10년 넘게 즐기고 있다.

배낭여행으로 탐험하는 **일본 일류기업**

2014년 6월 15일 1판 1쇄 인쇄
2014년 6월 20일 1판 1쇄 발행

저　자 / 권종욱 · 이지석
발행인 / 이수영
발행처 / 도서출판 청람
서울시 마포구 독막로 288(대흥동, 세양상가 109호)
전　화 / 02)3272-2601~2
팩　스 / 02)3272-2603
홈페이지 / www.crbooks.co.kr
E-mail / crbooks@hanmail.net
등　록 / 2000.8.26 제6-0509호

ISBN 978-89-5972-403-1 93320 [정가 12,000원]